Biografie

Ludwig Lugmeier kam 1949 in Kochel am See (Oberbayern) zur Welt. Er ist Autor von Romanen, Novellen, Gedichten, Essays und Rundfunkfeatures, publizierte im "Tagesspiegel", in der "taz", "junge welt", "Sprache im Technischen Zeitalter", "Manuskripte" und "die horen".
Er lebt in Berlin, wo er sich um die Wiederbelebung des Stummfilms bemüht.

Ludwig Lugmeier

So der Herr mit Zylinder

Abseitige Geschichten

Verlag Expeditionen

Ludwig Lugmeier
So der Herr mit Zylinder
Abseitige Geschichten

Lektorat Uwe Friesel
Umschlaggestaltung Birgitta Sjöblom
Buchdesign Gino Leineweber

Printed in Germany
ISBN 978-3-947911-74-5

Für Ingeborg und Uwe Herms

Ludwig Lugmeier

So der Herr mit Zylinder

Abseitige Geschichten

INHALT

Piratenbesuch

Wie weit ich denn sei mit meinen Piraten, fragte mein geschätzter Verleger, wippte ungeduldig mit den Füßen und wies darauf hin, dass die Zeit voranschreiten würde. „Die Zeit, sie eilt im Sauseschritt", sagte er, „aber zwei Wochen bleiben uns ja noch." Ob er schon einmal einen Blick drauf werfen könne? „Ungern", erwiderte ich, „doch so viel sei verraten: Es geht um den Freibeuter Benito Bonito, seinen Goldschatz und die Kokosinsel, die Isla de Cocos." „Aha", sagte er, „die Isla de Cocos. Hört sich vielversprechend an. Denken Sie dran, Kanonendonner und blutige Zweikämpfe, der Leser muss Blut lecken können." Dann stieg er in seinen schönen Mercedes, ließ die Scheibe herunter und wiederholte: „Kanonendonner und blutige Kämpfe! denken Sie dran."

In meinem Piratenroman herrschte kein Mangel an blutigen Kämpfen.

Ich hatte von Raubfahrten und den Schiffsüberfällen Benito Bonitos geschrieben, von durchschnittenen Hälsen, von Säcken voll Gold, von meuternden Filibustern, die er aufknüpfen ließ an der Rah, von der Konkurrenz, die seine Relámpago mit schnellen Karacken verfolgten, von Goldgier, von Mordgier, von Kanonendonner, von splitternden Masten, von brennenden Segeln, von der dschungelüberwucherten Isla de Cocos, von der Wafer Bay, wo er plante, seinen Schatz zu verbuddeln, bevor er – ja, bevor er was aber nur? Meine Einfälle waren ins Stocken geraten, meine Vorstellungskraft versiegt. Dabei stand mir mein wippender Verleger vor Augen. Bis hierhin läuft es ja spannend, hörte ich ihn, doch dann? Da muss doch noch etwas kommen.

Es kam aber nichts. Flaute, kein Wind in den Segeln. Was soll ich nur tun, dachte ich. Krimis schreiben? Oder Liebesromane? Oder es gar mit Arbeit versuchen?

Ich nahm eine Flasche Wein aus dem Spind, setzte mich raus auf die Rampe, wo ein alter Schaukelstuhl stand, trank gegen die Kopfleere an, zog einer weiteren Flasche den Korken, döste ein, wachte auf, und da sah ich, dass sich beim Lastkahn etwas bewegte:

Eine Gestalt, eine wuchtige Gestalt mit einem Dreispitz, sofern mich meine Sinne nicht täuschten. Wein und Sonnenschein trüben das

Bewusstsein ein, heißt es ja, und ich hatte zwei Flaschen Roten intus.

Die Rampe, auf welcher der Schaukelstuhl stand, gehörte zur Verladestation einer Ziegelei, die nach dem Bau der Brücke über die Bucht aufgegeben worden war und seitdem verfiel. Das Dach des Maukhauses hatte vermutlich ein Sturm eingedrückt, die Fenster der Verwaltungsbaracke waren zerborsten und in den Büros wimmelte es von Ungeziefer und Mäusen. Die Feldbahnwagen hatten fingerdick Rost angesetzt und der Schienenstrang, der die Ziegelei mit der Anlegestelle verband, war von Giersch überwuchert. Am schlimmsten hatte die Zeit dem Lastkahn selbst zugesetzt. Er lag an eine Dalbe gekettet im Schlamm und war nur noch ein Spantenskelett. Dort hatte ich den Kerl wahrgenommen.

Was wollte er hier? Hatte er das Schild nicht gelesen: Unbefugten ist das Betreten des Geländes verboten? Schwarz auf Gelb. Neben der Zufahrt am Maschendrahtzaun. Vielleicht sollte ich die Polizei informieren? Beeilen sie sich! Hier drückt sich einer herum. Verdächtig, verdächtig. Ich nahm das Fernglas zur Hand, hangelte mich die hölzerne Stiege hinauf, eine Hühnerleiter von Stiege, vorsichtig, denn sie schwankte bedrohlich, stemmte die Dachluke auf und spähte hinunter zur Bucht. Da das Wrack. Da der

Anlegesteg. Da, am Ende des Gleises, der Prellbock. Dort Weidenstämme, nebeneinander gereiht, als stünden sie Posten. Doch von der Gestalt keine Spur, grad so, als hätte sie sich in Luft aufgelöst.

Seit Wochen kein Regen, und die Sonne spuckte Stecknadeln aus. Bei Ebbe verwandelte sich die Bucht in einen Schlammpfuhl voller Rinnen und Löcher. Möwen schrien ihre Gier in die Welt und stießen auf Fische herab, die im Schlick zappelten. Ein Geruch von Fäulnis stand in der Luft. Ich schrieb keine Zeile. Doch war es ein Wunder, dass mir nichts einfiel? War es ein Wunder, dass ich eine Bouteille nach der anderen leerte. War es ein Wunder, dass ich halluzinierte? Aber halluzinierte ich denn?

Mein Kollege Robert Louis Stevenson hat sich mit der Schatzinsel eine goldene Nase verdient. Ich bin mit meinen Piratenromanen von Jahr zu Jahr ärmer geworden. Zuletzt konnte ich nicht einmal mehr die Miete begleichen. Der Vermieterin schickte ein Kündigungsschreiben und drohte, die Wohnung räumen zu lassen. Hätte mir mein Verleger nicht unter die Arme gegriffen, wäre ich in der Gosse gelandet. Er bewilligte Vorschuss und verwies mich an seinen Schwager, den Chef einer Sicherheitsfirma, der mich auf zuvorkommende Weise empfing. „Schön, dass Sie da sind. Nehmen sie Platz! Brandy?

Zigarre? Greifen Sie zu! Montecristos aus Cuba. Ich habe ein Faible für Ihre Piratengeschichten." Worauf er mir einen wundersamen Geschäftshandel antrug. Ich sollte ihm mein in Entstehung begriffenes Werk in Gestalt einer Danksagung widmen. Im Gegenzug würde er mir eine Unterkunft stellen. Mietfrei, versteht sich. Lediglich zur Bewachung des Ziegeleigeländes verpflichtet. Fließendes Wasser und Elektrizität seien vorhanden. Uniform und Handfeuerwaffe stelle die Sicherheitsfirma.

Die Uniform zierte als Emblem ein wachsames Auge, bei der Handfeuerwaffe handelte es sich um einen Schreckschussrevolver, bei der Unterkunft um die Verladestation. Das Mobiliar war spartanisch, Tisch, Stuhl, Spind, Matratze, mehr nicht. Das fließende Wasser stellte sich als fadendünnes Rinnsal heraus, doch hatte ich wenigstens ein Dach überm Kopf. Und Ruhe, Ruhe um meinen Roman zu verfassen, viel Ruhe. Und wäre meine Phantasie nicht versiegt, und hätte ich nicht eine Flasche nach der andern geleert, und wäre da nicht der rote Kater gewesen ... Luzifer nannte ich ihn.

Das Ziegeleigelände war sein Revier. Seine zerfetzten Ohren bewiesen, dass er es zu verteidigen wusste. Er mochte mich nicht, fauchte, wenn ich ihm nah kam und setzte seine Duftmarken vorzugsweise auf meine Matratze.

Ich bin überzeugt, dass ihn mit Holzbein eine geheimnisvolle Verwandtschaft verband, denn obgleich Luzifer ein Vierbeiner und Holzbein ein Zweibeiner war, sahen sie sich wie Zwillinge ähnlich. Das Wundersame war: Luzifer konnte sprechen, ein kaum verständliches Kauderwelsch zwar, doch wer hätte diesem Luder so viel Intelligenz zugetraut? Ich griff mir an den Kopf. Hatte ich einen Sonnenstich weg? Alkohol und Sonnenlicht vertragen sich nicht, heißt es, und ich hatte stundenlang in der prallen Sonne gesessen und Rotwein getrunken.

Tock, machte es, dann wieder. Beim ersten Mal schreckte ich aus dem Schlaf, beim zweiten Tock schoss ich vom Schaukelstuhl hoch. Die Flasche war leer und im Glas schwammen Fliegen.

Durch die offene Tür sah ich zum Tisch. Darauf saß der Kater, und davor stand der Mann mit dem Dreispitz. Er hatte einen dunklen Gehrock am Leib.

Mit seinem Holzbein stampfte er auf und kommandierte: „Komm her, fauler Hund!“ Luzifer fauchte: „Mackräker borratscho“ oder so ähnlich. Ich entgegnete: „Drecksvieh.“ Diese Bemerkung hätte ich mir besser verkniffen, denn nun tockte Holzbein heran, zog meine Handfeuerwaffe aus dem Holster und versetzte mir einen Stoß, der mich rückwärts durch die Tür rudern ließ. „Nenn Luzi noch einmal Drecksvieh, dann reiß ich dir das Herz aus der Brust. Kapiert? Und jetzt raus mit der Sprache! Wo hast du den Goldschatz verbuddelt?"

Hatte der Kerl nicht alle Tassen im Schrank? Oder war ich Opfer einer Verwechselung? Oder einer Intrige? Oder eines Verrats? Jedenfalls konnte ich mich an keinen verbuddelten Goldschatz erinnern. Hätte ich denn in dieser Bude gehaust, mit einem Goldschatz in petto? Würde ich diese läppische Uniform tragen? Ginge ich mit einem Spielzeugrevolver auf Kontrolle?

„Goldschatz", lachte ich. „Sehe ich wie ein Goldgräber aus?"

„Spar dir deine Sperenzchen, Benito. Raus mit der Schore!"

Um Holzbein zu überzeugen, dass ich so arm war wie eine Kirchenmaus, fingerte ich mein Portemonnaie aus der Tasche und leerte es auf den Tisch. Und sogleich tat Luzifer einen Satz in die Luft. Holzbein spannte den Hahn und bohrte mir den Revolver zwischen die Rippen. Auf dem Tisch lagen goldene Münzen: Dublonen, Guldiner, Zechinen. Durch meine Aufrichtigkeit hatte ich mich als Lügner entlarvt. Und war in eine üble Lage gebracht, denn für Holzbein lag auf der Hand, dass, wenn ich das Portemonnaie voller Goldmünzen hatte, ich auch über einen Goldschatz verfügte.

„Haha“, lachte er, „Benito, du Hund. Wo ist der Rest?“

In meiner Erklärungsnot beteuerte ich, dass die Münzen aus Katzengold seien: „Nichts wert, Herr Holzbein, rein gar nichts, keinen Pfennig, keinen Sou, keinen Nickel.“ Luzifer fuhr die Krallen aus, und Holzbein zog mich am Ohr.

Beim Verfassen von Piratenromanen habe ich mich mit der Vorgehensweise von Seeräubern beschäftigt, die auf Goldschätze aus sind. Zuerst schnappen sie den Besitzer, dann erkundigt sich der Medicus nach dessen Befinden, sodann trägt der Smut eine Schüssel Salzheringe auf und ermuntert zu essen. Lehnt der Betreffende ab, hilft der Quartiermeister nach mit einer siebenschwänzigen Katze und was sich sonst noch so bietet, um dem Malefikanten, sollte dieser sich weiterhin verstockt erweisen, unter Verwendung diverser Messer die Haut abzuziehen. Eine Prozedur, der ich mich keinesfalls aussetzen wollte. „Also gut, werter Herr Holzbein“, sagte ich deshalb, „weil Sie mir sympathisch sind, unterstütze ich Ihr Bemühen. Der Goldschatz befindet sich …“

„Wo?“, brüllte Holzbein.

„Also, der Goldschatz von Benito Bonito …“

„Drucks nicht herum“, zischte Holzbein.

„Befindet sich hier“, sagte ich.

„Hier?“, fragte Holzbein verdutzt.

„Auf Seite 212", sagte ich, „in der Wafer Bay auf der Isla de Cocos. Dorthin habe ich nämlich den Goldschatz gebracht. Weiter bin ich noch nicht."

„Dann halt dich ran, sagte Holzbein, „sonst spindel ich dir das Gedärm aus dem Leib. Sonst hacke ich dir einen Finger nach dem anderen ab. Sonst brenne ich dir deine Fischaugen aus."

„Ganz wie belieben", unterbrach ich seine Suade, „ganz wie belieben, Herr Holzbein. Aber erst mal bin ich jetzt am Zug. Am besten, Sie verdünnisieren sich für eine Weile. Und nehmen sie das Drecksvieh mit. Es stört mich beim Schreiben."

Wetterleuchten über der Bucht, Donner rollte heran und eine frische Brise kam auf.

Wiederbelebung

Ein Ziehen zwischen den Schultern, ein unbestimmbarer Schmerz. Immer öfter. Vielleicht das Alter. Ich war neunundsechzig. In Japan hatte es eine Frau auf hundertundvierzig Jahre gebracht. Verglichen mit ihr, stand ich noch in der ersten Hälfte des Lebens. Mein Hausarzt diagnostizierte eine leichte Rückgratverkrümmung und verordnete Krankengymnastik. Das Ergebnis: Der Schmerz wurde immer schlimmer und ich immer krummer. Zuletzt schlurfte ich, als hätte ich die Hosenträger an den Schuhen befestigt. Mit schmerzverzerrtem Gesicht holte ich Brötchen. Mit schmerzverzerrtem Gesicht stieg ich die Treppe hinauf. Manchmal winselte ich wie ein Hund. Mein Appetit kam abhanden. Ich wurde dünner und dünner.

Dabei hatte ich früher einen Schmerbauch. Das waren noch Zeiten gewesen! Und jetzt die

Schadenfreude in den Gesichtern! Übler noch: Mitleid, Bereitschaft zu helfen.

Die Menschen warten doch nur darauf, helfen zu können. Sie lassen keine Gelegenheit aus. Je gebeugter man geht, desto unverfrorener machen sie von deiner angeschlagenen Gesundheit Gebrauch. Der eine hilft dir auf den Gehsteig, der andere reißt dir die Tür auf. Sie genießen es richtig und straffen den Brustkorb. Es kommt einem jegliche Würde abhanden. Zuletzt fühlt man sich wie ein Tier, wie ein Schwein, wie ein Hund. Ist das die Bestimmung des Menschen?

Gut, ich bin degeneriert. Ich bin ein Opfer der Evolution. Meine zu kurz geratenen Vorderbeine sind der beste Beweis. Vom Fell meiner Vorfahren sind nur auf dem Kopf, unter den Achseln und an der Scham dürftige Reste geblieben. Daran lässt sich nichts ändern. Mach das Beste daraus! Das dachte ich mir und ging instinktiv in die Knie, beugte probeweise den Rumpf – es fehlte nicht viel bis zum Boden – und begann auf allen Vieren zu kriechen. Und sieh einer an: Der Schmerz war verschwunden. Wie weggeblasen.

Mir wurde klar: Ich hätte mich niemals aufrichten dürfen. Ich hätte in meiner Kindheit zurückbleiben müssen, mit allen Vieren am Boden. Ja, ich hätte kein Mensch werden dürfen. Der aufrechte Gang dient nur einer hybriden Verblendung. In einer einzigen Woche lernte ich auf allen Vieren zu laufen. In der folgenden Woche sprang ich schon über Polsterstühle und Sofa und tobte in der Wohnung herum. Ich zerfetzte mit meinen Zähnen Gardinen und Teppich, bellte und kläffte vor Freude und war zufrieden mit mir. Wenn ich durch den Park galoppierte, wichen die Menschen zur Seite.

„Mama", rief ein kleiner Junge, „guck mal, der Hund! Er sieht aus wie ein Mensch."

„Kind", klärte seine Mutter ihn auf. „Solche Promenadenmischungen kommen durch Vermendelung unterschiedlicher Rassen zustande."

Ein Beispiel für die Verblendung der Menschen.

Frau Wirsing, ein ebenso verschlagenes wie frömmelndes Weib, beschwerte sich beim Hausbesitzer. Als dieser in meine Wohnung zu dringen versuchte, kam es zum Eklat: er musste mit zerfetzten Hosenbeinen wieder abziehen. Ha, die entsetzten Blicke der Wirsing! Welche Genugtuung ich empfand!

Es ist schon erstaunlich, was für einen Respekt man als Promenandenmischung erfährt. Auf den Straßen treten die Menschen zur Seite. Zeigt man die Zähne, tritt nackte Angst in die Gesichter. Pisst man an Ampeln, wagt es niemand, einen daran zu hindern. Ich hätte schon früher drauf kommen sollen. Was für ein erbärmliches Wesen war ich doch gewesen! Auf unsicheren

Beinen bin ich durchs Leben gewandert. Meine Arme haben an den Flanken hinunter gebaumelt und mit meiner Fistelstimme hätte ich die Königin der Nacht singen können. Jetzt belle ich tief aus der Brust, und wenn mich bei Gedanken an früher die Wut überkommt, zieh ich die Lefzen hoch und fletsche die Zähne. Dann wirft mir die Fleischerin Wurstreste hin.

Ankunft

Wäre der Zug nicht stehen geblieben, ich hätte dem Bahnhof keine Beachtung geschenkt. Ein Blick aus dem Fenster, nun ja, da fliegt ein Gebäude mit Stellwerk vorbei. Kein Grund sich Gedanken zu machen. Gesehen und verschwunden. Wie das meiste im Leben. So aber stellten sich Fragen. Was ist das für ein Bahnhof? Wie heißt die Station? Warum halten wir an?

„Viertel vor vier", sagte der Herr auf dem Sitz gegenüber. Acht Minuten Verspätung."

„Dabei steigt keiner zu," sagte ich.

„Hier steigt nie jemand zu", entgegnete er.

Ein gut gekleideter Herr. Dunkler Anzug, Taschenuhr an silberner Kette, Schuhe doppelt genäht und im Gepäcknetz eine Aktentasche aus Leder. Akademiker, nehme ich an. Er putzte die Brille mit einem Papiertaschentuch, kämmte das Haar und tätschelte sich Eau de Toilette unters

Kinn. Im Coupé verbreitete sich ein Hauch von Lavendel.

„Sie fahren öfter diese Strecke?"

„Ab und zu", sagte er.

„Hält der Zug hier immer?"

„Soweit ich mich erinnere, ja."

„Aber es steigt niemand zu?"

„Meist steigt jemand aus."

Er versenkte sich in ein Buch. Ein Wälzer. Vielleicht „Vom Winde verweht". Warum nur hatte ich mich für die Reise nicht mit Lektüre versorgt? Schon für eine Illustrierte wäre ich dankbar gewesen. So blieb mir nichts anderes übrig, als aus dem Fenster zu sehen. Was ich sah, war ein schmales Bahnhofsgebäude aus Backstein mit einem steilen Satteldach. Parterre, das verriet ein Emailleschild, befanden sich Schalterhalle und Gepäckaufbewahrung. In der Etage darüber eine Wohnung, wohl die des Bahnhofsvorstehers. Ein kleiner Balkon mit Blumenkästen, in denen Geranien wuchsen. Auf einer Leine trocknete Wäsche. Aus der offenstehenden Balkontür wehte eine Gardine.

„Ist die Station wohl in Betrieb?"

Der Herr klappte das Buch zu.

„Was glauben denn Sie?"

„Nun", sagte ich, „es könnte ja sein, dass sie keine Verwendung mehr findet."

„Warum hält dann der Zug?"

„Vielleicht aus Versehen.“

„Aus Versehen“, blaffte er und schlug sein Buch wieder auf.

Leser sind ungesellige Menschen. Schlagen ein Buch auf und schon haben sie den Empfang eingestellt, kratzen sich ungeniert im Schritt oder unter den Achseln, bohren in den Ohren, mit Streichhölzern meist, aber auch mit Zahnstochern oder Barbecue Spießchen und tauchen in Phantasiewelten ab oder verbeißen sich in abstruse Gedanken.

„Was lesen Sie denn?“

Keine Reaktion.

„Vom Winde verweht?“

Nicht mal ein Blick.

„Oder ein anderes Buch?“

Nun sah mich der Herr wieder an, aber so, als hätte ich ihm einen Knopf von der Weste gerissen.

„Es geht Sie zwar nichts an“, sagte er. „Aber bitte! Ich lese von Dante Alighieri einen Reisebericht.“

„Spannend“, fragte ich noch, doch da hatte er sich schon wieder in die Lektüre vertieft.

Ein Windhöschen wirbelte den Bahnsteig entlang und schleuderte roten Sand in die Luft. Kein Mensch weit und breit, zumindest konnte ich keinen entdecken. Nur eine senfgelbe Dogge. Hechelnd lag sie im Schatten ihrer Behausung, die sich neben der Tür zum Stationsgebäude befand. Und eine Krähe. Sie stelzte auf dem Geländer entlang, das den Bahnsteig begrenzte.

„Ein seltsamer Ort“, sagte ich. „Niemand steigt aus, niemand steigt zu, doch der Zug fährt nicht weiter. Ob der Lokomotivführer auf eine bedeutende Persönlichkeit wartet, den Bürgermeister womöglich?“

Ich versuchte das Fenster zu öffnen, was jedoch nicht gelang. Der Griff diente wohl einem anderen Zweck. Dabei war es schwül im Coupé. Auch überkam mich so ein Gefühl.

Der Herr sah erneut auf die Uhr.

„Nun“, fragte ich, „wie lange stehen wir schon?“

„Fünfundvierzig Minuten“, gab er zur Antwort.

Immerhin schien sich nun etwas zu tun. Ein kleines Mädchen trat hinter einer Reklametafel hervor, die sich neben dem Stellwerk befand und sah sich vorsichtig um. Dann tippelte es eilig zum Zug. Doch es hatte noch nicht den Bahnsteig erreicht, als ein uniformierter Kasten von Mann aus der Tür des Bahnhofes schnellte, das Kind am Schopf fasste und ihm ins Gesicht schlug. Dann klemmte er es unter den Arm und trug es ins Gebäude.

„Haben Sie das gesehen?“

Der Herr verzog keine Miene.

„Wie er das Mädchen bei den Haaren gepackt hat? Und ihm ins Gesicht schlug? Haben Sie das gesehen?“

„Nun ja“, sagte er. „Sowas kommt vor.“

Sowas kommt vor – was für eine Bemerkung! Ein erwachsener Mann, ein Kleiderschrank von einem Mann, schlägt einem Kind ins Gesicht, und dieser gebildete Herr, der dicke Bücher verschlingt, sagt: „Sowas kommt vor.“

„Das ist doch keine Art!“ empörte ich mich. „Das tut man doch nicht! Dazu ein Beamter, ein Mann von der Bahn! Was hat denn das Kindchen verbrochen?“

Der Herr massierte sein Kinn und sagte:

„Was hat es auch auf dem Bahnsteig zu suchen? Wenn der Zug es nun überrollen würde…“

„Aber der Zug steht doch still“, fiel ich ihm ins Wort. „Es geht doch nicht an, dass ein erwachsener Mann ein kleines Mädchen verprügelt, nur weil es den Bahnsteig betritt. Wohin kämen wir denn, wenn jeder … “

„Eben“, unterbrach er mich seinerseits. „Wohin kämen wir, wenn jeder den Bahnsteig beträte. Eines der Kinder fängt an, andere ahmen es nach und schon wimmelt es von ungezogenen Bälgern. Drängen in die Waggons, ohne Erlaubnis, ohne Billett. Und dann, bitte schön? Der Mann tat seine Pflicht.“

„Um alles in der Welt, welche Kinder", wollte ich gerade parieren, als ich sie auch schon bemerkte. Eingeschüchterte, blasse Gesichter. Sie lugten hinter der Reklametafel hervor. Ein kleiner Junge in einer Kniehose wagte sich sogar zwei, drei Schritte heraus, sprang aber sofort zurück in die Deckung, als die Dogge zu knurren begann.

In die zum Bahnsteig hin offene Schalterhalle war indes ein Fräulein getreten, das auf dem Kopf ein Kapotthütchen trug. Es setzte sich auf eine Bank und kramte aus seinem Pompadour Garnknäuel und Häkelnadeln hervor. Kaum dass es zu häkeln begann, stapfte ein Mann in die Halle, ein Walross von Mann, mit einer dicken jungen Frau im Gefolge, vielleicht dessen Tochter. Dahinter ein Chauffeur, wie Stiefel und Mütze verrieten. Auch junge Herren drängten herein, sowie Schankwirte, Handwerker, Invaliden, Straßendirnen und Lumpengesindel. Die Schalterhalle quoll bald über vor Menschen.

„Sehen Sie nur", sagte ich, „wie sich der Bahnhof belebt!"

Und nun kamen auch hinter der Reklametafel die Kinder hervor. Der Herr hatte sie ungezogene Bälger genannt, die ohne Erlaubnis in den Zug drängen würden. Was sich als Unterstellung erwies, denn weder drängten sie in den Zug, noch benahmen sie sich ungebührlich oder gar frech. Im Gegenteil: sie stellten sich vor die Reklametafel und begannen herzergreifend zu schluchzen, was an dem angeschlagenen Plakat liegen mochte: Ein von Blumengirlanden umranktes Tor mit einer weißen Taube inmitten. „Beerdigungsinstitut Himmelreich" stand in gotischer Schrift darüber.

Es hatte indessen zu dämmern begonnen. Letzte Sonnenstrahlen blitzten noch in den Fensterscheiben des Bahnhofsgebäudes, die Schalterhalle aber verdunkelte sich und bald sah man nur noch da und dort etwas Zigarettenglut. Der Herr hatte sein Buch zugeklappt und die Augen geschlossen. Er schien fest zu schlafen, als erste Rufe erschallten: „Zurück! Zurück!"

„Wir wollen zurück!" stimmten andere ein.

Dann ging das Bahnhofslicht an, gelbliche Leuchten, so dass ich den Bahnbeamten und den Hund wieder sah. Sie patrouillierten die Gleise entlang, zähnefletschend die Dogge, der Beamte mit einem furchterregenden Knüppel. Den er zu gebrauchen verstand. Und wie! Egal, wer den Bahnsteig betrat, alle bekamen ihn Rücksicht zu spüren. Versuchten sie sich zu retten, sprang das Tier auf sie los und fetzte ihnen die Kleider vom Leib. Das Fräulein mit dem Hütchen wälzte sich im Schotter der Gleise, der Chauffeur hinkte fluchend umher und ein stattlicher Herr kroch auf allen Vieren zur Schalterhalle zurück.

Die dumpfen Schläge, das Gebrüll der Geknüppelten und das Hundegebell weckten den mir gegenübersitzenden Herrn wieder auf. Der Vorgang schien ihn jedoch nicht zu berühren. Er blickte kaum hin, als die Dogge einer Frau die Bluse zerriss. Unbekümmert entnahm er seiner Aktentasche eine Thermoskanne, schenkte Tee in die Kappe und biss herzhaft in ein Sandwich mit Schinken. Es schien ihm ausgezeichnet zu schmecken.

„Warum lässt dieser Mann die Leute nicht in den Zug?"

„Mmmm", machte er nur und spülte einen Bissen hinunter.

„Sehen Sie bloß! Jetzt verbeißt sich der Hund in die Schenkel des Fräuleins!"

„Tja", sagte der Herr.

„Aber wo leben wir denn?"

Nun begann er zu lachen.

„Wo leben wir denn, ja, hahaha, wo leben wir denn!"

Gejammer, Geplärre, Hundegekläff, das Schluchzen der Kinder, zwischendurch skandierte der Chor: „Zurück in den Zug!". Gelb angestrahlte Gestalten, Alte und Junge, Gekreisch, verzweifelte Schreie. Der Herr auf dem Platz gegenüber wieherte: „Ja, hahaha, wo leben wir denn!"

Allmählich verebbten Gekreisch und Geplärre, selbst das Gejammer verstummte. Die Menschen zogen sich ins Dunkel der Schalterhalle zurück. Doch während der Herr die Thermoskanne in der Aktentasche verstaute und sich mit einem Taschentuch die Lippen betupfte, begann es vom Ende des Zugs her zu klopfen. Der Bahnbeamte schritt den Bahnsteig ab und stieß mit seinem Knüppel gegen die Wände. Bis er bei unserem Waggon angelangte.

„Wurde auch Zeit", sagte der Herr.

Der Beamte trommelte gegen die Scheibe.

„Machen Sie schon!", sagte der Herr.

Die Dogge sprang am Fenster empor und kläffte mich an.

„Steigen Sie aus!"

„Aber was soll ich denn hier?"

„Hier", sagte er, „muss jeder mal raus."

Vom Blauenden Kahlkopf

Fritz, der als Pilzsachverständiger mein Interesse für Psilocypinpilze teilt, wies mich auf ein aufgegebenes Militärgelände in der Mark Brandenburg hin. Dort habe er vor einigen Jahren den Blauenden Kahlkopf entdeckt. In den folgenden Jahren habe er ihn zwar nicht mehr gefunden, doch sei das zu erwarten gewesen. Das Mycel treibe, wie ich sicherlich wisse, oft lange Zeit keine Fruchtkörper aus. Irgendwann aber drängten sie wieder ans Licht, darauf könne man sich verlassen.

Wir beschlossen, gemeinsam nach den Pilzen zu suchen. Mitte November zogen wir los, immer so gegen sieben Uhr morgens, denn um diese Zeit war es noch dunkel. Es durfte uns nämlich niemand bemerken, das Betreten des Geländes war untersagt. Wir kletterten über eine Mauer und schritten, vorbei an verfallenen Garagen, auf einer Panzerstraße voran. Bei einer

Schrotthalde warteten wir, bis es hell genug war, um nach den Pilzen zu suchen.

Der Blauende Kahlkopf zählt zu den Träuschlingsverwandten, zu denen auch der mexikanische Kahlkopf, der Teonanacatl gehört, den die Azteken als Fleisch der Götter verehrten. Er ist an seinem schmierigen, wie braunes Leder wirkendem, kegelförmigem Hut, den ausgebuchtet angewachsenen von kastanien- bis graubraun changierenden Lamellen und dem dünnen weißlichen Velum erkennbar, verströmt Kartoffelstiegengeruch und wächst vorzugsweise auf devastiertem Gelände, wo er gerne Pflanzenreste und Totholz besiedelt.

Verrottetes Holz gab es auf dem Areal jede Menge. Und schon am ersten Tag entdeckten wir am Rand einer Lichtung eine Blauende Kahlkopf Versammlung. Wir jubelten über den Fund, schnitten die rüblingsartigen Stiele knapp über dem Erdboden ab und sahen, nur ein paar Schritte entfernt, auf modrigem Stockholz, eine weitere Familie. Als wir das Gelände verließen, hatte jeder von uns eine reichliche Anzahl von Pilzen gesammelt – genug für die Reise.

Eine meiner Reisen hatte ich mit Hilfe von LSD unternommen. Sie begann in einem Haus an der niederländischen Grenze. Ich drang durch einen Spalt unter dem Daumennagel in den Arm einer Freundin, die als Medizinerin

Acht auf mich gab. Von der Gelenkkapsel aus bewegte ich mich an ihrer Speiche entlang, ohne jedoch vorwärts zu kommen, denn ich schrumpfte, wurde kleiner und kleiner, bis ich die Größe einer Mikrobe oder Bakterie hatte. Dabei wuchs der Arm analog zu meiner Verkleinerung an. Bald konnte er sich mit der Milchstraße messen. Die Körperzelle, auf deren Boden ich stand, entsprach zuerst einer Scheune, dann einer Megascheune von hunderten Kilometern Ausdehnung. Ich erinnere mich noch deutlich an die Zellmembrane. Sie bestand aus Bretterwänden mit Rupfenbespann, die sich, miteinander verwachsen, unter laminaren Strömungen bogen und wölbten – ein bedrohlicher Vorgang.

Man stelle sich vor: Abermillionen solcher Zellen! Diese Waben! Diese ungeheuren Wabenverbände! Dabei war das nur der Beginn einer Reise, in deren Verlauf ich immer tiefer in die Materie drang. Bis ich schließlich ins Innere eines Atomkerns gelangte. Ich verlor jeglichen Halt, es gab kein Unten, kein Oben, der Unterschied zwischen Innen und Außen verschmierte, wonach ich auch griff, meinen Kopf, meine Beine, der Griff ging ins Leere, ich fand nirgendwo Halt, ich war im Begriff mich in Staub aufzulösen, in feinsten Partikelstaub.

Würde der Verzehr des Blauenden Kahlkopfs zu ähnlichen Erfahrungen führen? Die

Vorstellung beunruhigte mich, denn so interessant jene Reise auch war, Vergnügen hatte sie nicht bereitet. Im Gegenteil. Kalt war sie gewesen, kälter als man es sich vorstellen kann, kalt wie es sein wird, wenn die Sonne verglüht ist. Und voller Gefahren. So war mir, aus dem Mikrokosmos in die Räume des Weltalls geschleudert, in einem Galaxiennest eine Dämonin entgegengetreten.

In enges schwarzes Leder gekleidet, führte sie eine geflochtene Peitsche mit sich, eine Nilpferdpeitsche, als deren Knauf ein metallener Hundekopf diente, Metall doch lebendig, denn aus aufgerissenem Maul bellte mir das Vieh seinen Hass ins Gesicht. Hingegen war der Schädel der Dämonin aus Hartholz gehauen, mit stählernen Noppen als Augen, so furchterregend, dass ich, um ihr zu entkommen, in den Zustand des Bewusstseins zurück wechseln musste. Was ohne Mühe gelang. Du bist nur im Kopf unterwegs, sagte ich mir, und schon befand ich mich wieder im Haus an der Grenze.

Würde mir dies auch während der anstehenden Reise gelingen? Fritz, der die Wirkung des Blauenden Kahlkopfes kannte, versicherte, dass solche Reisen angenehm wären, angstfrei und beileibe nicht kalt. Vielleicht, dass mich zu Beginn ein Zucken befiele, ausgelöst durch visuelle Irritationen, durch Lichterscheinungen, wie sie

John Dee, der Engelsmagier am Hof Rudolf II. beschrieb, doch sei keineswegs zu befürchten, ich verhakte mich unterwegs, bliebe hängen, käme nicht mehr zurück oder die Wirkung der Droge setzte sich fort nach der Reise, wie es einem seiner Bekannten geschah, den, nachdem er LSD eingenommen, wochenlang eine Hyäne verfolgte.

Wie ich meinem Traumjournal entnehme, aß ich die Pilze mit Joghurt und Früchten vermengt am Heiligen Abend um 19 Uhr 30. Neben meiner Katze auf dem Bett ausgestreckt, hörte ich aus der Nachbarwohnung Weihnachtsmusik, jedoch so gedämpft, dass sie nicht störte. Mein Blick fiel aus dem Schlafzimmerfenster durch das kahle Geäst eines Ahornbaumes auf eine von der Straßenbeleuchtung gelb angestrahlte Fassade mit drei Reihen Fenstern und das verschneite Dach eines niedrigen Backsteingebäudes, über dem, in etwa zwei Kilometer Entfernung, die roten Hindernisfeuer des Fernsehturms am Alexanderplatz blinkten.

Während ich der Lichterscheinungen harrte, blätterte ich in einem Bändchen mit Gedichten, von denen eines bald den Begriff für die Erscheinungen beitragen sollte.

Es stammte von dem 1991 in der Heil- und Pflegeanstalt Gugging verstorbenen Dichter Ernst Herbeck.

Im Herbst da reiht der
Feenwind
da sich im Schnee die
Mähnen treffen.
Amseln pfeifen heer
im Wind und fressen.

Nach ca. 45 Minuten setzte im Schlafzimmer eine atmosphärische Unruhe ein, grad so, als würden Luft und Licht durcheinandergewirbelt. Das Zucken, das mich befiel, entstand im Plexus solaris, griff über auf Arme und Beine und wurde so stark, dass mein Körper wie ein Fisch auf dem Trockenen sprang. Indes schossen Lichtschweife durch das Schlafzimmer, wozu eine Stimme, meine eigene Stimme, die aber so hohl und fremdartig klang, als ob sie aus einem Lautsprecher dröhnte, wiederholt kommentierte: „Da sind ja die Mähnen! Kein Zweifel, da sind sie, die Mähnen." Nach wenigen Minuten, noch war das Zeitgefüge stabil, stülpte sich eine gläserne Haube, ähnlich der des einstigen Messerschmidt- Kabinenrollers, über den sternübersäten Himmel, die Hindernisfeuer, welche von der Antenne des Fernsehturms blinkten, die Fassade und das verschneite Dach gegenüber, auch über Zimmer und Bett, kurzum: über sämtliche Phänomene der von mir erfassbaren Welt, zu der ich auch selber gehörte, mein Bauch, meine Beine, die Hände, mein Kopf und mit dem Kopf die Phantasmagorien und Gesichte, welche aus dem Dunkel der fernen Vergangenheit traten.

Wie bei einer Überblendung im Film, überlagerte alsbald eine Wüstenlandschaft das verschneite Dach des Backsteingebäudes, indes der Himmel eine Helle gewann, als ginge der Mond auf. Die Wüste zog sich mehrere Male zurück, verschwamm und verschlierte, verrann fast zu nichts, schien nur eine Fata Morgana, ein verschleiertes Trugbild, so dass Fassade und Dach wieder Vormacht erlangten, wurde aber schließlich so manifest, dass ich die Fähnchen zu erkennen vermochte, die der Wind über die Dünen und Sandwehen blies. Endlich blieb nur noch ich selber zurück, allerdings nicht neben meiner Katze im Bett, sondern in einer Barke, die auf dem Nil trieb, so träge, als wäre die Zeit ein faules Gewässer. Am Bug standen, in Binden gewickelt, tote Ägypter, die Augen weiß ins Leere gerichtet.

Wurde der Tempel von Theben einst tatsächlich von Löwen bewacht? Dann sah ich nun die Raubkatzen wieder. Sie lagerten nämlich vor der Sphinxen-Allee, gähnten, zuckten mit den Ohren und verscheuchten mit den Schwänzen die Fliegen. Die Statuen vor dem Pylon schliefen hingegen ihren steinernen Schlaf, aus denen sie auch die Lautsprecherstimme nicht zu wecken vermochte, welche krächzend erklärte: „Dies sind

Pharaonen.“ Das hunderttorige Theben selbst lag verlassen, kein Mensch weit und breit, kein Hundegebell, kein Vogelgezwitscher. Hätte nicht die Stimme verkündet: „Wir sind bei den Toten“, die Nekropole wäre ertrunken in Stille.

Wodurch die Erscheinungen entstanden? Antwort gibt eine der Pyramiden von Gizeh, welche sich in unmittelbarer Nähe zur Anlegestelle befand, an welcher ich und die Toten an Land gehen sollten. Doch schon während der Fahrt auf dem Strom, wobei sich die Strecke von Theben nach Gizeh gewaltig verkürzte – sie schnurrte zusammen, als spulte die Geographie auf – eilte dem Seherblick die Lautsprecherstimme voran. Erst nachdem sie verkündete: „Das sind die Löwen von Theben“ oder: „Das sind die Pyramiden von Gizeh“, gewannen jene Gestalt, gerade als brächte die Stimme sie hervor, ja, als seien sie die Materealisierung der Stimme. Zeigen sollte dies der Zugang zur Pyramide, das Loch, welches den Schlussstein ersetzte, denn es entstand aus dem Vokal, den das Wort Loch in sich trägt.

Angelangt am Fuß der Pyramide, verharrten die toten Ägypter bewegungslos auf der Stelle, was die Lautsprecherstimme so kommentierte: „Jetzt stehen die toten Ägypter vor der Pyramide und kommen nicht rein“, wobei die Stimme das O von „toten“ stark überdehnte, mit der Folge, dass es in den Toten zu zerren begann.

So bedurfte es nur noch des Startschusses „doch!“, und schon setzten sie sich in Bewegung, und als die Stimme auch noch kommentierte: „Jetzt steigen sie hoch“, stiegen sie zur Pyramidenspitze empor, wo sie wieder verharrten, weil ihnen das Pyramidion den Zugang versperrte, bis die Stimme das Loch schuf: „Doch die Pyramide hat oben ein Loch.“ Der Vokal wurde also zum Loch, und die toten Ägypter, ich sah es von unten, stiegen hinein und verschwanden.

Und ich?

War die Lautsprecherstimme ursprünglich meine eigene Stimme gewesen, fremd zwar und dröhnend, entsprang sie nun einem an die gläserne Haube gesetzten hölzernen Kasten, der ihr einen Klang verlieh, als klopfte jemand gegen ein Becken. „Jetzt steigt er hoch“, tönte sie, wobei sie das O schon zu dehnen begann, und da ich mich dem widersetzte: „Steig hoooch!“ befehlend und laut, – „Steig hoooch!“ –, so laut, dass die gläserne Haube in Gefahr geriet, zu zerspringen, es sei denn, ich gehorchte. Das tat ich denn auch. So stieg ich, von Quader zu Quader, die Pyramide empor, bis ich die Spitze erreichte, wo das Loch, die Öffnung zu einem Schacht, der eng und steil ins Innere abfiel, mich in sich einsog.

Von der folgenden Rutschpartie weiß ich nur zu berichten, dass ich mich festhalten wollte und mit den Füßen zu bremsen versuchte, vergebens, der Sog war zu stark und die Specksteinreliefs an den Wänden, Fabeltiere und Fratzen, zu flach, um daran Halt zu gewinnen. Ich stürzte hinab, schneller und schneller, stürzte in eine Schwärze, die keine Zeit kennt, weshalb ich auch nicht zu erinnern vermag, wie lange ich mich im Pyramideninneren aufhielt, Minuten nur oder Äonen, und was dort geschah, falls etwas geschah, und ob der Schacht, wie ich vermute, in die Totenkammer eines Pharaos führte. Als ich zu mir gelangte, lag ich wieder im Bett. Es war 21 Uhr 35.

Hätte ich dieses Erlebnis zu protokollieren versäumt, wäre es sicherlich aus meinem Gedächtnis entschwunden, denn mit Erscheinungen verhält es sich wie mit Träumen: sie sind mit sympathetischer Tinte gezeichnet. Beim Erwachen deutlich vor Augen, erlöschen sie rasch, manchmal bereits nach Sekunden, sodass sie, wenn man sie nicht sofort notiert, für immer dahin sind. Neugierig auf das, was mich als nächstes erwartet, fehlte mir die Geduld für Aufzeichnungen der weiteren Stationen der Reise. Deshalb weiß ich darüber so gut wie nichts zu berichten. Einmal noch ein Notat – 22 Uhr 50: Kamtschatka.

Doch mehr als eine verschneite Landschaft tut sich nicht auf. Bald nach Mitternacht näherte sich die Reise dem Ende. Unruhe befiel mich.

Die Imaginationen dünnten aus zu Gespinsten, durch welche wieder die Hindernisfeuer des Fernsehturms blinkten. Als die Lautsprecherstimme ihr Dröhnen verlor, schossen erneut die Mähnen durchs Zimmer. Erscheinungen bekam ich kaum noch zu fassen. Wenn ich doch welche griff, so nur in Fetzen, weshalb ich resigniert konstatierte: jetzt kommen die Nachwehen, halluzinogene Nachwehen, nicht mehr. Was zwar richtig, doch voreilig war, denn die Nachwehen nahmen alsbald Gestalt an.

Ahnte ich, dass das Schlafzimmer zu klein war für die folgende Darbietung? Faltete es sich deswegen auf? Gerade als hätte ein Zauberer die Hände im Spiel, so klappten auf einmal die Wände nach außen, richteten sich auf, klappten wieder nach außen, wodurch sich das Zimmer in einen Saal wandelte, von dessen getäfelter Decke ein vielarmiger Kristalllüster hing, dessen unruhiges Licht eine erotische Atmosphäre bewirkte. Mit der Verwandlung des Zimmers bildete sich zugleich ein Laufsteg heraus, der, an einer Reihe Polstersessel vorbei, quer durch den Saal bis ins Wohnzimmer führte, auf den nun die Nachwehen traten, weibliche Wesen, Modelle von überirdischer Schönheit. Sie führten nun in wiegendem Gang Kostüme vor, Kostüme von einer Delikatesse und Feinheit, wie sie nur ein Schneidermeister der Luft zu fertigen weiß und die zu beschreiben ein Unterfangen wäre, als versuchte man, mittels Eisenbahnschienen einen Schleier zu weben.

Von der Schönheit der Gesichter gebannt, trat ich näher zum Laufsteg, wo mich sogleich Damen umringten, welche die Nachwehen mit Lorgnetten taxierten und dann bedauernd seufzten, denn verglichen mit ihnen waren sie Vogelscheuchen und ihre Garderoben hässliche Fetzen. Musik setzte ein, Wiener Lieder und Walzer, intoniert von einer Kapelle, die schemenhaft hinter einem Fenstervorhang auftauchte, durch welchen gelegentlich auch die Hindernisfeuer des Fernsehturms blinkten, Anzeichen, dass der Blauende Kahlkopf an Wirkung verlor und die halluzinogenen Nachwehen in Kürze entschwänden. Ich musste mich also beeilen.

Eine der paradierenden Nachwehen, wie eine Siam-Katze so schön, hielt vor mir inne, gerade als sei sie bedacht, meine Neugier zu stillen, worauf ich so nah an den Laufsteg trat, dass ich sie zu erreichen vermochte, mit beiden Händen ihre Taille umfasste und sie an ihr hinab gleiten ließ. Dann raffte ich das Kostüm in die Höhe, sodass sie bis zum Nabel nackt vor mir stand. Dabei erwies sich das Gewebe als ein durch verhakte Trümmerchen von Konsonanten gebildeter Feinstoff, so zart und empfindlich, dass er auf meinen Händen wie Schneeflocken schmolz. Auch

Beine und Hüfte waren aus solchen Teilchen gefügt, auch der Nachwehe annamitisches Katzengesicht, nur dichter und fester.

Ein makelloses Sprachwesen. Ein feminines Konsonantenpartikelpoem. Wie es sich darbot! Wie es die Beine spreizte und den Unterleib wölbte! Unberührt meinen Händen entgegen, die es begutachteten, die elastischen Brüste unter dem Hauch von Kostüm, den Nabel, die Schenkel, das Geschlecht, dessen Lippen auf den Kuppen meiner Finger feinen, grauen Staub hinterließen, wie von Schmetterlingsflügeln. Und doch: ein Mischwesen, eine Chimäre.

Dies zeigte sich, als ich vorsichtig das Geschlecht öffnete und in das Innere der Nachwehe blickte, eine organlose Höhlung, die aufgrund des den Rücken durchdringenden Lichtes fischblutrosa erschien und in dem sich an Stelle der Wirbelsäule eine Rückengräte abzeichnete. Keine Frage: vor mir stand eine Nixe.

Missi

Nun bin ich in das Haus meiner Tante gezogen. Ein sehr schönes Haus. Geradezu ein Palast. Dicke Teppiche, Vorhänge aus Samt, stuckverzierte Plafonds, blitzende Lüster. Das Badezimmer mit Marmor gefliest und im Keller edelste Weine. Ich habe sogleich eine Flasche geöffnet. Château Lafite. Ein ausgezeichneter Tropfen! Im Flur schlägt die Pendüle. Ihr bronzener Klang tut mir wohl. Das wird jetzt ein Leben!

Gegen Mitternacht stellte sich eine Mitbewohnerin ein. Eine Maus. Ein winziges Mäuschen. Es sauste über den Teppich und kletterte am Polsterstuhl hoch. Nun sitzt es bei mir auf dem Schoß und sieht mich mit Knopfäuglein an.

„Na", sage ich, „was machst du denn hier? Möchtest du einen Keks?"

Es knabbert ganz wild. Als wäre es am Verhungern. Dann beißt es mich kurz.

„Mäuschen“, sage ich, „du brauchst unbedingt einen Namen. Wie wär es mit Missi?“

„Wunderbar“, piepst es.

Um acht Uhr morgens klingelte es an der Tür. Ich liege noch im Bett. Schnell ziehe ich den Morgenrock über. In Trauerkleidung: meine Cousine. Sie ist dürr wie ein Stecken und hat strohgelbes Haar. Ob sie reinkommen darf?

Ich sage: „Was verschafft mir die Ehre?“

„Nur sehen, wie's dir geht.“

„Es geht mir gut“, sage ich.

Offenbar ist sie nervös, denn sie zupft sich am Ohr.

„Möchtest du eine Tasse Kaffee?“

„Bloß keinen Kaffee.“

„Oder vielleicht lieber Tee?“

„Ein Glas warme Milch wäre mir recht. Mit fünf Löffel Honig“.

Ich stelle Milch auf den Herd und gebe fünf Löffel Honig hinzu.

Wie sie bloß spricht! Als stecke ihr ein Kloss im Hals. Wahrscheinlich will sie mir etwas sagen und bringt es nicht raus. Die Milch ist zu heiß. Da verbrennt sie sich ja den Mund. Dass ich nicht einmal Milch …

„Grit“, unterbreche ich sie, „hier ist eine Maus.“

Schon steht Grit auf dem Tisch. Und die Milch ist auf dem Teppich! Seh sich das einer an!

Ich flehe: „Komm runter vom Tisch! Hier ist keine Maus. War nur ein Scherz."

Ich hebe die Tischdecke hoch. Ich rücke das Sofa beiseite. Endlich setzt sie sich wieder.

„Du weißt, dass ich Angst hab vor Mäusen", sagt sie tadelnd.

„Aber Grit! Mäuse tun dir doch nichts."

Ich stelle wieder Milch auf den Herd und rühre fünf Löffel Honig ein. Diesmal ist die Milch viel zu kalt. Außerdem klebt ein Fitzelchen Milchhaut am Glas.

„Pfui Deibel!"

„Liebe Cousine", sag ich, „hör mir ganz ruhig zu. Reg dich um Himmels Willen nicht auf. Hier ist doch eine Maus. Eine Spitzmaus. Ein winziges Ding. Sie kann sogar sprechen. Ich hab sie Missi getauft."

Nun glaubt sie mir nicht.

„Soso, deine Spitzmaus kann sprechen. Du bist ja verrückt."

Sie stellt sich vor den Spiegel und pudert die Nase. „Wie es hier aussieht!"

„Wieso", sage ich.

„Der Spiegel ist blind."

„Ist eben alt."

„Und überall Staub."

Sie ist ganz empört. Sie stampft mit dem Fuß auf.

„Jetzt will ich dir mal was sagen. Auch wenn es dir nicht gefällt. Aber ich fühl mich moralisch verpflichtet. Du hast unsere Tante beerbt. Du bist in ihr Haus eingezogen. Du schläfst in ihrem Bett. Du sitzt in ihrem Fauteuil. Du trinkst ihren Wein. Du lässt es dir gut gehen. Aber weißt du, was sie war?"

Sie starrt mich ekelhaft an: „Eine Giftmörderin!"

Am Abend kommt wieder Missi. Ganz unerwartet. Sie hat einen Minirock an und klettert mir auf die Schulter.

„Hallo", pfeift sie mir ins Ohr. „Wie gefalle ich dir?"

„Liebste Missi, Du siehst zauberhaft aus. Aber gibt es dich wirklich?"

„Stellst du blöde Fragen!"

„Meine Cousine hält mich für verrückt."

„Ich auch."

Missi tanzt auf dem Tisch.

„Ich bin eine Maus", singt sie mit maushellem Stimmchen.

„Missi", bedränge ich sie weiter, „hast du meine Tante gekannt?"

„Ich muss jetzt ins Nest."

Schon ist sie verschwunden.

Wie gut es mir geht! Ein eigenes Haus. Ein marmornes Bad. Ein plüschweiches Bett. Es hängt an vier Ketten. Ich schaukle mich in den Schlaf. Einmal hin, einmal her. Schon fahr ich zur See. Und bin in Venedig. Unter der Seufzerbrücke hindurch. Vom Campanile klingen die Glocken. Der Himmel ist blau. Der Gondoliere singt O sole mio. Auch Missi fährt mit. Sie hat ihren Minirock an. Ob ich sie heiraten will?

„Ich heirate doch keine Maus!"

„Dann bring ich mich um."

Schon springt sie ins Wasser. Ich hinterher. Der Campanile fliegt in die Luft. Da wache ich auf.

Ich habe Kekse gekauft. Missi knabbert sie gern. Leider kommt sie nicht mehr. Ich mache mir Sorgen. Hoffentlich ist sie nicht krank. Die Grippe geht um. Dabei ist es warm. Das Fenster steht offen. Die Gardine bläht einen Bauch. Im Luftzug flackern die Kerzen. An der Wand tanzen Schatten wie ausgelassene Teufel. Ich hole eine Flasche Roten herauf. Einen Rioja. Der Korken macht plopp. Meine Cousine lass ich jedenfalls nicht mehr ins Haus. Sie verdirbt mir die Stimmung. Dabei hat ihr meine Tante auch viel Schönes vererbt. All ihre Besen! Haha! An der Wand hängt ihr Bild. Eine prächtige Frau.

Mit gewaltigem Busen. Neben ihr sitzt der Hund. Eine riesige Dogge. So groß wie ein Kalb.

Abends um acht steht wieder Grit vor der Tür. Sie legt gleich los: „Pfui Deibel! Du bist ja besoffen."

„Natürlich bin ich besoffen, allerliebste Cousine. Wie eine Haubitze. Voll bis zum Kragen. Sonst hätte ich dich nicht ins Haus reingelassen. Du versaust mir nämlich die Stimmung. Möchtest du einen Schnaps? Ratzebutz, Sliwowitz, Wodka? Dann eben nicht. Am besten, du haust wieder ab."

Grit neidet mir meine Erbschaft. Das seh ich ihr an. Spitzes Kinn, neidischer Sinn.

„Himmel und Arsch", schieße ich hoch, „das Fenster bleibt offen! Sonst ist hier was los. Meine Tante war eine ehrbare Dame. Jawoll! Und du machst sie schlecht. Ich dreh dir den Hals um."

„Hilfe!", kreischt sie da los, „Hilfe, Hilfe!"

Schon bricht die Polizei herein. Schießt in die Luft. Schlägt alles kaputt. Ein Tohuwabohu.

Heute ließen sie mich wieder laufen. Wie es hier jetzt aussieht! Die Möbel zerschlagen. Der Teppich voll Blut. Meiner Tante ist zum Glück nichts passiert. Jedoch ihrer Dogge. Schuss in den Kopf. Hängt tot aus dem Rahmen. Ich zerre die zerschlagenen Möbel vors Haus.

Der Nachbar gafft aus dem Fenster. Das Sofa: nicht mehr zu gebrauchen. Zum Glück haben die Polizisten nicht den Keller gestürmt. Sonst müsste ich jetzt Apfelsaft trinken. Auch das Bett ist noch ganz.

Wer sitzt denn da auf dem Kissen? Sieh einer an! Ich kann es nicht glauben.

„Missi! Da bist du ja wieder! So eine Freude! Ich habe dich schrecklich vermisst. Gib mir einen Kuss!"

Doch Missi will mich nicht küssen.

„Geh weg! Ich hab einen Schnupfen."

Sie hustet und hat eine ganz rote Nase.

„Schuld bist nur du."

„Was hab ich denn verbrochen?"

„Frag nicht so dumm!"

„Aber das war doch im Traum."

„Mir hat es gereicht."

„Verzeih, Missilein, Du bist und bleibst eine Maus."

„Kann ich was dafür?"

„Wir könnten auch so …"

„Kommt gar nicht in Frage. Entweder du heiratest mich, oder …"

Grit lässt sich Gott sei Dank nicht mehr blicken. Aber „Giftmörderin" geht mir nicht aus dem Kopf. Riecht der Wein nicht ganz komisch? Ich hole eine andere Flasche. Der Korken sitzt fest. Gutes Zeichen. Aber wer weiß? Immerhin hat sie fünf Männer unter die Erde gebracht. Lauter hohe Beamte! Einer Staatssekretär! Auf dem Bild wirkt sie jetzt auch etwas seltsam. Eisige Augen. Ob Missi mehr weiß? Aber sie spricht nicht mit mir. Eingeschnappt. Entweder du heiratest mich oder ich sprech nicht mit dir. Lieber nagt sie an der Tapete: „Grbbgrbbgrbb."

„Missi", sag ich, „hör bitte auf mit dem Nagen."

Aber Missi nagt weiter.

„Missilein", sag ich, „Tapetenkleister schlägt auf den Magen."

„Grbbgrbbgrbb."

„Sei doch vernünftig! Sprich mit mir!"

„Ich bin eine Maus und Mäuse können nicht sprechen."

So geht das immer weiter. Was soll ich bloß tun?

Heute habe ich fünf Kästen Mineralwasser ins Haus bringen lassen. Schluss mit dem Wein. Übersäuert den Magen. Das Bild meiner Tante stelle ich an die Straße. Die Dogge fängt eh an zu stinken. Ich lege mich ins Bett und lese einen spannenden Krimi. Franz Dobler hat ihn geschrieben. Er handelt von einem Zug. Der rast durch die Stadt. So was Verrücktes! Seit wann können Züge sprechen? Aber Missi spricht auch. Immerhin ist sie eine Maus.

„Missi, komm doch zu mir. Ich les dir was vor."

„Grbbgrbbgrbb."

„Von einem Zug."

„Grbbgrbb."

„Ich bitte dich, Missi."

„Hast du es dir überlegt mit der Heirat?"

„Missilein", sag ich, „und der Standesbeamte?"

„Du schämst dich für mich."

„Nein, Missi, ich schäme mich überhaupt nicht für dich. Aber da du eine Maus bist …"

„Ich zieh ein weites Hochzeitskleid an. Dann merkt er es nicht."

Na schön", gebe ich nach, „wenn du unbedingt meinst."

„Juhu", quietscht sie da.

Ich sollte gleich los. Abends um neun! Trauringe kaufen. Damit wir am andern Tag heiraten können.

„Missilein", sag ich, „um diese Zeit haben die Geschäfte geschlossen."

„Aber morgen bestimmt!"

Doch am Morgen kommt meine Cousine. Blaues Auge, geschwollene Backe.

„Was ist dir denn passiert?“

„Das fragst du auch noch!“

Sie zieht die Lippe zurück.

„Dir fehlt ja ein Zahn.“

„Dir fehlt ja ein Zahn“, äfft sie mich nach.

Was sie bloß will? Irgendetwas führt sie im Schild. Ich kenne das Aas.

„Was liegt da für ein Hund an der Straße?“

„Vom Nachbarn.“

„Vor deiner Tür abgelegt?“

„Tatsächlich“, sage ich. „Ist ja unglaublich!“

„Finde ich auch.“

Sie sieht sich misstrauisch um. Und zieht auch schon Missis Brautkleid hervor. Schwenkt es in der Luft.

„Spielst du mit Puppen?“

„Grit“, sage ich, „leg bitte das Kleid wieder hin. Das Kleid ist mir heilig. Es hat meiner Tante gehört.“

Nach ihrem Besuch war Missi am Boden zerstört. Jetzt hat sie sich wieder gefangen. Doch verängstigt ist sie noch immer.

„Die Kanaille“, piepst sie, „hat was gerochen. Mach dich auf die Socken! Sonst wirft sie uns noch einen Knüppel zwischen die Beine. Avanti!“

Ich setze den Hut auf und stürze hinaus. Das Juweliergeschäft hat noch geöffnet. Ein sehr schöner Laden. Uhren und Schmuck. Alles blinkert und blitzt. Und der Juwelier ein Herr alter Schule.

„Ihre Trauringe wünschen Sie sicher mit Brillanten."

„Natürlich."

„Was für eine Ringgröße hat ihre Braut?"

„Ungefähr so."

„Zarte Finger. Sehr zarte Finger. Allerzarteste Finger. Ich befürchte, dass wir diese Größe nicht haben."

„Dann nehme ich den."

„Ausgezeichnete Wahl. Ihre Braut wird sich freuen. Ich wünsche viel Glück für die Ehe."

Nun stand der Hochzeit nichts mehr im Weg. Blauer Himmel, ein herrlicher Tag. Trauzeugen, Gäste. Missi mit weißen Handschuhen und Schleier. Ihr Brautkleid mit Schleife und Schleppe. Ich mit Frack und Zylinder.

„Ja", piepst sie glücklich.

Ich stecke ihr den Ring übers Pfötchen. Der Standesbeamte kratzt sich hinterm Ohr. Hält mich wohl für zu groß für Missi. Die Torte ist riesig. Es gibt Champagner und Wein. Keiner stirbt. Die Cousine liegt mit Gallenkolik darnieder. Ein glücklicher Tag. Und Missi die glücklichste Maus auf der Welt.

Im Osten wird es schon hell.

„Komm, Missilein, wir gehen zu Bett. Ich bin hundemüde."

„Nur noch ein Schlückchen."

„Missilein, du hast einen Schwips."

„Hihihihi."

Ich zieh ihr das Kleid übern Kopf. Sie zieht mir die Schnürsenkel auf. Ich kraul ihr das Fell. Sie knabbert am Ohr.

„Ich hab dir doch gesagt, dass keiner es merkt."

„Aber der Standesbeamte hat lange gezögert."

„Hör mir auf mit Beamten. Ich habe fünf Stück von vergiftet."

Schwarze Schnegel

Ein Tag wie der andre. Am Morgen bringen Traktoren die Wände zum Zittern, der Küster, auf dem Weg zur Kirche, schnäuzt durch die Finger, das Friedhofstor kreischt, dann läuten die Glocken. Und schon bimmelt es wieder. Was für ein Geschepper! Ich hätte mich anderswo ansiedeln oder gleich in der Stadt bleiben sollen, in meinen vier Wänden. Hat ein Philosoph nicht geschrieben, alles Unglück rühre daher, dass der Mensch seine Kammer verlasse? Und ich Dummkopf habe geglaubt, anderswo sei es besser! Vogelgezwitscher und Frieden. Gewiss, es zwitschern die Vögel. Es ist auch ruhiger als in meiner Stadt. Doch was den Frieden betrifft, er kommt mir trügerisch vor.

Gestern, als ich in den Kaufladen trat, schlug mir Feindschaft entgegen. Der Krämer, ein aufgeblasener Wicht, weigerte sich, mich auch nur zu bemerken. Dabei grüßte ich laut.

„Guten Tag!“ sagte ich und trat an die Theke. „Ich möchte 50 Gramm Cervelatwurst, ein Viertel Pfund Butter, eine Flasche Malzbier und einen großen Laib Brot.“ Malzbier, fügte ich noch hinzu, soll ja gesund sein. Und wie reagierte der Kerl? Er griff einen Besen und begann die Spinnweben aus den Regalen zu fegen.

Überhaupt, dieser Laden! Konservendosen, Erbswürste, ausgeblichene Schachteln mit Gebäck und Pralinen. Auch Gartengeräte: Spaten und Harken. Das Fenster zur Gänze mit Waschmittelwerbung beklebt, als habe der Ladeninhaber Angst vor der Sonne. Auf der Vitrine schlief eine Katze und im Zwielicht lauerten Weiber. Sie trugen Kittelschürzen, pressten die Lippen zusammen und verfolgten jede meiner Bewegungen.

Endlich nahm der Krämer sich Zeit, legte einen Laib Brot auf die Theke und schnitt ein paar Scheiben Wurst ab.

„Das Brot ist hart“, wagte ich zu bemerken.

„Ich habe nichts andres.“

„Dort liegt doch frischgebackenes Brot.“

„Reserviert“.

So sind die Dörfler, wenn jemand zuzieht.

Es regnet seit Tagen. Es gießt und es gießt. Es trieft nur so von Bäumen und Dächern. Verwaschene Fassaden und auf der Straße, die sich

Hauptstraße nennt, kochende Pfützen. Liege ich im Bett, höre ich das Gurgeln der Traufen. Die Laken sind klamm. Ich wälze mich von einer Seite zur andern und mache mir Sorgen. Zu Recht, denn diese Kate hat meine Ersparnisse verschlungen, und meine Rente ist der Rede nicht Wert, gerade genug, um nicht zu verhungern. Dabei müsste ich das Dach reparieren und die Fenster abdichten. Es zieht in den Zimmern. An der Decke haben sich Wasserflecken gebildet. Die Tapeten lösen sich von den Wänden. Es ist zum Verzweifeln.

Heute Mittag klopfte ein völlig durchnässter Herr an die Tür, ein Mann unbestimmbaren Alters. Er zog seinen Hut. Sein Name sei Hecht, Gottlieb Hecht. Er wohne hinter der Kirche. Ob er eintreten dürfe.

„Gewiss“, sagte ich, „kommen Sie nur herein. Vielleicht eine Tasse Kaffee? Ein Stück Kuchen dazu? Marmorkuchen. Leider recht trocken. Oder Plätzchen? Noch von Weihnachten übrig. Setzen Sie sich doch an den Herd. Wenn Sie wollen, können Sie gerne die Schuhe ausziehen und die Füße im Ofenrohr trocknen. In dieser Jahreszeit holt man sich schnell einen Schnupfen. Wenn es dann noch wie Hechtsuppe zieht.“

Unsere Konversation verlief ungezwungen vertraulich. Wir duzten uns bald. Gottlieb berichtete von der Tochter einer entfernten Verwandten, die, an Windpocken erkrankt, von einem Tag auf den andern die Sehkraft verlor und heute nur noch mit Blindenhund aus dem Haus gehen kann. Ich erzählte von meiner Tante, die durch eine unbedachte Bewegung beide Arme eingebüßt hatte. Ein vorschneller Griff, die Häckselmaschine bekam sie zu fassen und schon …

Wir rückten zusammen.

Man glaubt an das Gute, indes, das Böse schleicht schon heran, gab Gottlieb zu denken. Heute noch Frieden, morgen schon Krieg. Oder Schlimmeres noch. Als Mitglied der malakologischen Glaubensgemeinschaft habe er gelernt, auf Veränderungen zu achten, auf scheinbar unbedeutende Zeichen. Es liege ihm fern, mir Angst einzujagen, doch spräche vieles für den nahen Weltuntergang. Zum Beispiel der Regen …

„Gottlieb", versuchte ich ihn zu bremsen, „im Grunde stimm' ich dir zu. Doch wo Gefahr ist, wächst das Rettende auch."

„Zum Beispiel der Regen", fuhr Gottlieb unbeirrt fort. Tag und Nacht solche Güsse! Das habe es in dieser Gegend noch nie gegeben. Überschwemmte Wiesen und Felder, vollgelaufene Keller, übergetretene Bäche! Dazu der lauwarme Wind! Dies werde apokalyptische Wirkungen zeigen.

Ich glaube, Gottlieb sieht die Dinge zu schwarz. Doch vielleicht hat er ja Recht. Wie will man das wissen? Auch ein polnischer Priester prophezeit den Weltuntergang. Er behauptet sogar Tag und Stunde zu kennen. Kein halbes Jahr soll es mehr dauern. Da und dort nehmen sich schon welche das Leben. Die Zeitung berichtet darüber, sogar mit einem Foto des Priesters, der in Warschau vor einem Stadion steht, im strömenden Regen, die Arme zum Himmel gereckt. Ob auch er zur malakologischen Glaubensgemeinschaft gehört?

Der Regen hat aufgehört. Gott sei es gedankt! Keine gurgelnden Traufen, keine brodelnden Pfützen, kein Weltuntergang mehr! Gegen Mitternacht war Schluss. Nun verzehr ich erleichtert mein Frühstück, zwei Scheiben Graubrot mit Butter und Kirschmarmelade, und plane einen Spaziergang an die Hauptstraße, am Krämerladen vorbei, über die Müllkippe weg, zum alten Kanal und auf der anderen Seite zurück. Die Bewegung wird mir sicherlich guttun. Ich kam ja in letzter Zeit kaum aus dem Haus. Und nach einem Spaziergang fühlt man sich gleich wieder jung. Kann ich nur empfehlen. Jeden Tag tausend Schritte! Um sechs in der Früh aus dem Bett. Kniebeugen, drei oder vier, kalt gewaschen,

Haferflocken und vitaminreiches Obst! Ob ich einen Schirm mitnehmen soll? Es könnte ja wieder zu regnen beginnen. Die Wolken hängen tief und es herrscht eine dampfige Schwüle. Ach was! Man muss etwas wagen im Leben. Ich geh einfach los.

Und hätte besser zu Haus bleiben sollen! Auf halber Strecke kam mir nämlich Gottlieb entgegen. Er zog einen Leiterwagen mit sechs Kästen Bier.

„Einen schönen guten Tag!" grüßte ich. „Was sagst du zum Wetter? Es regnet nicht mehr!"

Gottlieb wischte sich den Schweiß aus der Stirn und sah zu den Wolken empor.

„Das war zu befürchten."

„Wie?" fragte ich. „Zu befürchten? Wieso? Das verstehe ich nicht."

„Der Regen allein", belehrte er mich, „führt nicht zum Weltuntergang. Halte dir Ur in Chaldäa vor Augen! Vierzig Tage und Nächte kam die Sintflut auf Erden. Die Gewässer wuchsen so sehr, dass alle Berge unter dem Himmel verschwanden. Fünfzehn Ellen hoch stand das Wasser darüber. Doch drei Monate später begann es zu verlaufen. Sonst wäre die Arche Noah eines Tages gesunken. Doch dieses Mal kommen wir nicht so einfach davon!"

„Wieso? Was wird denn geschehen?“ fragte ich.

„Die Ungeheuer des Meeres werden die Menschheit verschlingen, die Ungeheuer des Meeres …“

„Aber hier ist das Meer doch Kilometer entfernt.“

„Nimm dich in Acht!“ raunte er mit finsterem Blick und zog mit den Bierkästen weiter.

Welche Ungeheuer hat er nur gemeint? Haifische? Kraken? Doch wie sollten sie zu uns gelangen? Sie gehen doch ein an der Luft. Gottlieb macht doch einen vernünftigen Eindruck. Ist er etwa verrückt?

Die Wolken hängen immer noch tief, tiefer noch als in den vergangenen Tagen, so tief, dass sie die Kirchturmspitze umwabern. Das Wetter ist schwül. Die hohe Luftfeuchtigkeit bringt die Wände zum Schwitzen. Der warme Wind macht die Fliegen lebendig. Wie lästig sie sind! Man kommt gegen die Plage nicht an. Ich habe in alle Zimmer Fliegenfänger gehängt. Die honiggelben Streifen locken sie zwar, schaffen aber keine Abhilfe, denn es gibt einfach zu viele. Ich bin gebadet in Schweiß, leide an Atembeschwerden und Schlaflosigkeit. Schlafe ich ein, dämmert meist schon der Tag.

Dann suchen mich Nachtmahre heim. Gestern setzte sich ein Alb auf meine Brust, ein bleierner Gnom, und versuchte mich zu erdrosseln. Heute schwemmte das Meer Ungeheuer an Land, Krokodile, riesige Kraken, auch Seeelefanten mit Mäulern wie Scheunentore. Ihr Gebrüll ließ die Wände erzittern. Sie wälzten den Gartenzaun nieder und drückten die Haustüre ein. Vor Angst war ich wie gelähmt, konnte nicht einmal schreien. Mich erfüllt immer noch Grausen.

Die Nachbarin hat soeben Wäsche auf die Leine gehängt. Nun stapft sie zwischen Gemüsebeeten herum und sammelt Nacktschnecken ein. Sie vermehren sich über Nacht. Auch in meinem Garten nehmen sie überhand. Heute Morgen klebte sogar eine am Fenster. Die tropische Schwüle bringt aber auch Gutes: die Stangenbohnen gedeihen. Auch Kohlrabi, Möhren und Porree schießen ins Kraut. Ich ernte schon Kartoffeln und Zwiebel. Wenn nur die Schnecken nicht wären! Sie fressen die Salatbeete kahl. Ich werde ein Schneckenvertilgungsmittel besorgen. Oder soll ich Sägemehl streuen? In meinem Gartenbuch werden Schneckenzäune empfohlen. Auch das Halten von Enten und Hühnern, die allerdings am Schneckenschleim leicht ersticken. Ein schrecklicher Tod, den die armen Tiere erleiden.

Am späten Vormittag hörte ich ein eigenartiges Geräusch. Es klang wie ein Krächzen oder heiseres Keuchen. Danach war es ruhig. Totenstill, sozusagen. Um zwei – ich habe mir die Uhrzeit gemerkt, denn im Radio fingen die Nachrichten an – pochte die Briefträgerin an die Tür. Frau Neumeier liege am Boden. Ich möge doch kommen.

Obwohl meine Nachbarin, wie ich argwöhne, öfter Abfälle über meinen Gartenzaun warf, folgte ich ihr und betrat das Haus nebenan. Eines muss ich der Neumeier lassen: das Wohnzimmer sieht gediegen und ordentlich aus. Tisch und Schrankwand aus Eiche – davon kann ich bei meiner Rente nur träumen. Allein das Sofa hat sicherlich ein Vermögen gekostet. Die Neumeier lag mit blau angelaufenem Gesicht auf dem Teppich. Da war nichts mehr zu machen. Wahrscheinlich erstickt, was mich bei der Schwüle nicht wundert.

Gottlieb hat mir die Monatszeitschrift seiner Glaubensgemeinschaft unter der Tür durchgeschoben. Viele interessante Artikel! Auch Abbildungen und statistische Grafiken. Allem voran hat die Redaktion einen Aufsatz aus seiner eigenen Feder gesetzt. Erst glaubte ich, meinen Augen nicht trauen zu dürfen, doch da stand sein Name: Gottlieb Hecht. Ein Foto zeigt ihn nachdenklich ernst. Ich fühle mich geehrt, solch einen gelehrten Mann persönlich zu kennen. Der Aufsatz ist voll lateinischer Begriffe und Verweise zu Fachliteratur. Deshalb ist er schwer zu verstehen. Doch ich gebe mir Mühe, und so viel begreife ich gleich: Die Ungeheuer, vor denen er mich gewarnt hat, gibt es tatsächlich. Sie sind dem Urmeer entsprungen und haben im Lauf von Jahrmillionen die Kontinente erobert. Heute schleichen sie unbeachtet herum, fressen behaglich und durchsetzen die Erde mit ihren Gelegen.

Es gibt, schreibt er, über 40.000 verschiedene Arten. Während jene, die Raspelzungen und Giftdrüsen haben, uns gefährlich erscheinen und es wohl auch sind, nehmen wir andere nicht ernst. Dabei droht gerade von ihnen Gefahr. Ihre Gelege sind Drachenzähne, aus denen der Menschheit tödliche Feinde erwachsen.

Besonders sei vor dem Schwarzen Schnegel gewarnt, der sich durch Selbstbefruchtung fortpflanzen kann. Schnegel legen im Jahr bis zu 800 Eier, aus denen nach wenigen Tagen Nachkommen schlüpfen, die wiederum Gelege erzeugen. Milliarden und Abermilliarden Gelege, für die das feuchtwarme Wetter ein Trompetenstoß ist, das Signal zur Vertilgung der Menschheit.

„Die Zeit ist nah“, zitiert Gottlieb aus der Offenbarung. „Es werden heulen die Geschlechter der Erde.“

Ich konnte nicht schlafen. Eine unruhige Nacht. Diese drückende Schwüle! Dabei kreisten meine Gedanken um diese Schnegel. Ob Gottlieb sich irrt? Bedrohen sie wirklich die Menschheit? Hätten sie uns nicht längst schon vertilgt? Schwülfeuchte Tage hat es in der Geschichte schließlich öfter gegeben. Vielleicht noch schwüler als heute, obwohl ich mir das kaum vorstellen kann.

Mehrmals glaubte ich ein leises Knistern zu hören. Mir war, als kröchen Schnegel übers Dach. Doch als ich die Nachttischlampe anschaltete, konnte ich nichts mehr vernehmen. Kein Laut, kein Geräusch. Grabesstille. Unheimlich. Gegen Morgen kühlte die Temperatur ein klein wenig ab, ein Lüftchen kam auf und ich fand endlich Schlaf. Als ich erwachte, hatte ich ein taubes Gefühl hinterm Ohr.

Ein Schnegel!

Sehr geehrter Herr Bürgermeister,

ich, Otto Hannemann, habe das Häuschen bei der Brücke gekauft, vor zweieinhalb Jahren, und Sie haben mich im Dorf willkommen geheißen und mir zum Kauf gratuliert. Zu Recht, Herr Bürgermeister! Denn ich lebe hier zufrieden und glücklich. Erwache ich morgens, tirilieren die Vögel, im Garten gedeihen Salat und Gemüse und es geschehen keine Verbrechen, was nicht so selbstverständlich ist, wie man auf dem Land vielleicht meint. In meiner Heimatstadt ereignen sich täglich Überfälle und Morde, und meist sind wir Rentner die Opfer. Hier aber gehe ich guter Dinge spazieren. Das ist schön und dient außerdem der Gesundheit.

Allerdings, Herr Bürgermeister, steht es dieses Jahr um meinen Garten sehr schlecht. Zwiebel und Kartoffeln gedeihen zwar gut, doch weder Salat noch Gemüse sind zu ernten. Das kommt von den Schnegeln. Sie breiten sich aus wie noch nie in der Geschichte der Menschheit. Besonders die Schwarzen sind zur Plage geworden. Sie fressen und fressen. Vom Gemüse lassen sie nur Stängel und Strünke zurück. Gestern morgen, als ich erwachte, hatte sich ein Schnegel hinter meinem Ohr festgesogen. Inzwischen kleben sie an sämtlichen Fenstern. Mein Freund, Gottlieb Hecht, den Sie sicherlich kennen, schreibt in der Monatszeitschrift der malakologischen Glaubensgemeinschaft, die Schnegel führten zum Weltuntergang. Deshalb scheint es mir dringendst geboten, dass wir uns wehren. Doch wie, Herr Bürgermeister, doch wie? Ich plädiere dafür, dass Sie den Notstand ausrufen und administrative Maßnahmen zur flächendeckenden Schnegel-Bekämpfung ergreifen.

Mit vorzüglicher Hochachtung
Otto Hannemann

Ich habe das Schreiben noch gestern zum Rathaus gebracht. Sicherlich hat es der Bürgermeister inzwischen gelesen. Doch niemand unternimmt was. Dabei sind Hauswände und Dach von Schnegeln durchsetzt. Da der Dachstuhl wurmstichig ist, bricht er demnächst noch unter deren Gewicht zusammen. Irgendwie, vielleicht durch den Keller, dringen schon welche ins Haus. Darunter sehr große. Eine, ich habe sie auf die Waage gelegt, wog beinahe 200 Gramm. Gottliebs Prophezeiung wird wahr. Was soll ich bloß tun? Warum greift unser Bürgermeister nicht ein? Das wäre doch seine Pflicht!

Das Begräbnis meiner Nachbarin – Gott sei es geklagt! – nahm einen skandalösen Verlauf. Zu meiner Schande muss ich gestehen, dass ich mit dazu beitrug. Allerdings erst nach der Schaufelattacke. Bis dahin gedachte ich pietätvoll der Toten. Sogar einen Strauß Vergissmeinnicht brachte ich zur Beerdigung mit – sie symbolisieren Gedenken und sind nicht so teuer wie Rosen – und folgte gesenkten Hauptes dem Sarg. Doch hatte ich noch keine zehn Schritte getan, da rutschte einer der Sargträger auf dem Schnegelschleim aus. Der Sarg fiel zu Boden, der Deckel sprang auf und die Tote rollte dem Pastor vor die Füße. „Passen Sie doch auf!" herrschte er den Sargträger an.

Dessen Kollegen legten die Tote zurück in den Sarg. Eigentlich war es mehr ein Stopfen als ein Legen, da der Sarg ziemlich eng und die Tote fettleibig war. Immerhin gelang es, den Deckel zu schließen, und der Leichenzug setzte sich erneut in Bewegung.

Schnegel, wohin man auch blickte. Die Grabsteine waren surreale Kunstwerke. Wie Spinnen seilten sich Schnegel von den Tujabäumen ab. Während der Pastor die Grabrede hielt, krochen ihm welche über die Schuhe. Als er sie bemerkte, verlor er den Faden seiner Rede. Statt die Tote zu preisen, verdammte er die Schnegel als Ausgeburten der Hölle und schickte Flüche zum Himmel. Schließlich stampfte er einen Schnegel zu Brei. Die Trauergemeinde tat es ihm nach. Ein Veitstanz hob an, ein Schnegelmassaker. Dabei geriet der Totengräber so außer sich, dass er Freund nicht mehr von Feind, Schnegel nicht mehr von Mensch unterschied. Besonders hatte er es auf den Pastor abgesehen, des schwarzen Talares wegen vielleicht, durch welchen dieser ein wenig schnegelhaft wirkte. Der Totengräber hieb auf ihn ein, dass sich der Schaufelstiel bog. Ich selbst stampfte ebenfalls auf Schnegeln herum, Totenwürde hin oder her. Ich konnte mir einfach nicht anders helfen.

Der Rundfunk brachte einen Bericht über die ungewöhnlich starke Vermehrung der Schnegel.

Schulen und Kindergärten sind bis auf Weiteres geschlossen. Im Fernsehen wurden die Soldaten eines Schnegel-Bekämpfungskommandos bei der Arbeit gezeigt. Flammenwerfer kamen zum Einsatz. Verschmorte Schnegel, brennende Menschen. Doch der Innenminister sieht keinen Anlass zur Sorge.

Endlich, endlich greift der Gemeinderat ein. Der Bürgermeister – es heißt, er sei in Urlaub gewesen – stapft in Gummistiefeln herum und leitet den Einsatz. Indes räumt ein Schneepflug die Schnegel beiseite. Da die Kanalisation schon verstopft ist, schiebt eine Planierraupe sie in den Dorfweiher. Die freiwillige Feuerwehr spritzt sie von Häuserwänden und Dächern. Dabei gehen Fensterscheiben zu Bruch und das Viehzeug kann ungehindert in die Wohnungen dringen. Schnegel an Wänden und Türen, Schnegel an Bildern und Schränken. Ich schaffe Proviant in den Speicher. Auch Kanister mit Wasser.

Ein Gang durchs Dorf, in Gummistiefeln natürlich. Der Marktplatz ein Teppich aus Schnegeln. Ihr Schleim klebrig wie Kleister. Ich kam nur mühsam voran. Die Planierraupe stand vor der Kirche. Sie hatte offensichtlich vor den Schnegeln kapituliert. Feuerwehrschläuche lagen noch da, doch weit und breit kein Feuerwehrmann, vermutlich geflohen. Kahl gefressene

Gärten, verlassene Häuser, die Garagen leer, die Tore weit offen. An Schnegeln erstickte Hühner und Enten. Den Krämer fand ich im Laden. Er röchelte noch. Ich befreite seinen Mund von den Schnegeln. Mehr konnte ich nicht für ihn tun. Inzwischen ist er wohl wie eine Ente erstickt. Beim Kanal kam ich nicht mehr weiter und schleppte mich zu meiner Kate zurück.

Ich bin jetzt in den Speicher gezogen. Hier hause ich zwischen Gerümpel. Eine Truhe dient mir als Tisch, eine Kiste als Stuhl, ein Strohsack als Bett, ein Kübel als Klo. Meine Mitbewohner sind Mäuse und Spinnen. Ich lebe von Pumpernickel, Pflaumenmus und Ravioli-Konserven, die ich auf dem Spirituskocher aufwärmen könnte, hätte ich die Streichhölzer nicht in der Küche vergessen. Hinunter aber kann ich nicht mehr. Wahrscheinlich klebte ich schon auf der Stiege an Schnegelschleim fest und dann, dann erginge es mir wie dem Krämer. Es schüttelt mich vor Ekel, wenn ich nur an ihn denke.

Ob Gottlieb noch lebt? Vielleicht hat er sich in eine Arche der malakologischen Glaubensgemeinschaft gerettet. Warum hab ich ihn bloß nicht besucht! Sein Haus hinter der Kirche ist nur einen Katzensprung von meinem entfernt, keine zehn Minuten zu Fuß und vielleicht, vielleicht hätte er mich ja mit in die Arche genommen.

Im Licht der Taschenlampe studiere ich die Heilige Schrift. Was Gott sich nur gedacht haben mag, als er die Erde Vieh und Gewürm hervorbringen hieß? Ich schlinge kalte Ravioli hinunter. Unter dem Gewicht schwarzer Schnegel ächzen die Sparren. Ich befürchte, sie brechen gleich durch.

Hier brechen die Aufzeichnungen des Otto Hannemann ab.

Gelbe Lichter

Der Sessel, eine Art Liege, war so konstruiert, dass ich mich angenehm zurücklehnen konnte. Natürlich wusste ich, der Hypnotiseur würde gleich mit der Hypnose beginnen und der Sessel ihn dabei unterstützen.

„Sind Sie mit dem Sessel zufrieden?“ fragte der Hypnotiseur.

„Sehr bequem“, sagte ich.

„Lehnen Sie sich zurück. Wenn wir Erfolg haben wollen, dürfen Sie keinen Widerstand leisten.“

Er beugte den Oberkörper nach vorn und sah mir in die Augen. Daran, wie er die Vokale dehnte, beinahe als unterdrückte er bei jedem ein Gähnen, erkannte ich, dass er mich bereits zu hypnotisieren begann. Die Unsicherheit, die ich verspürte, denn wie sollte ich wissen, wohin er mich führte, schwand mit jedem weiteren Satz.

Dass auf seinen Schultern ein Löwenkopf ruhte, bestärkte mein Vertrauen in ihn.

„Sie“ – oder sagte er Du? Ich glaube, er duzte mich schon: „Du hast eine Eintrittskarte gelöst und gehst durch den Zoo. Du gehst ruhig und gemütlich. Das Leben währt lang, und Du hast unendlich viel Zeit, unendlich viel Zeit. Viele Jahre liegen vor dir, viele Jahre, denn du bist jung und das Wetter ist schön. Die Sonne scheint auf Bären und Büffel, auf Antilopen und Zebras, auf Eulen und Affen, und die Wolken am Himmel werden weiterziehen und verschwinden. Es ist so schön durch den Zoo zu spazieren und die Tiere zu sehen. Sie sind ganz bei sich. Sie grasen und schlafen. In ihren Körpern wohnt Ruhe, tiefe Ruhe, mitternächtliche Ruhe.“

„Ja“, hauchte ich und versuchte ihm in die Augen zu sehen.

Doch da blickte er schon an mir vorbei. Es war, als nähme er mich nicht mehr wahr. Er starrte in eine andere Richtung. Grad so, als gäbe es mich nicht. Dabei hatte ich ihm nichts getan. Ich stand doch im Zoo, mit den Armen auf die Brüstung gestützt, und sah über den Wassergraben hinweg zu ihm hinüber.

War ich ihm nicht mehr wichtig? Hatte er mich vergessen? Er musste doch wissen, musste mit Sicherheit wissen, dass ich da stand, denn als in hundert Schritten Entfernung ein Vogel aufflog, bewegte er mit kurzen Ruck seinen Schädel und verfolgte den Flug. Wie sollte er da mich nicht bemerken?

Minutenlang standen wir so, bewegungslos, ich meine Augen in seinen mächtigen Körper versenkt, er die seinen in die Ferne gerichtet, vielleicht auf die Wolken am Himmel, die zu dunklen Bäuchen anschwollen und die Sonne verschluckten.

Ich bin doch ein Tier wie er selbst, dachte ich, und da, als hätte er meinen Gedanken gelesen, wandte er mir den Blick zu. Gelbe Lichter voll Hass. Sie drangen mir in die Augen und riefen eine Mattigkeit hervor wie bei einem geschlagenen Tier.

Als ich zurück ging, schleppte ich mich als Sack durch den Zoo.

Es begann zu regnen. Die Nässe durchdrang meine Kleider. Meine Beine wurden so schwer, als trüge ich Schuhe aus Blei, sodass ich mich auf eine Bank setzen musste.

„Natürlich bist Du ein Tier“, sagte der Hypnotiseur. „Geh zurück zum Gehege! Klettre über die Brüstung! Schwimm durch den Graben! Der Löwe wartet auf Dich. Er ist dein Bruder.“

Also ging ich zum Gehege zurück, kletterte über die Brüstung, schwamm durch den Graben, trat dem Löwen entgegen, seinen Lichtern voll Hass, seinen Pranken, mit denen er mich zerriss, seinen Zähnen, mit denen er mich zerfleischte, und als ich zu mir kam, leckte ich mir das Blut von den Lippen.

Rote Züge

Die Frau mit dem Silberring am Finger, die Kreuzworträtsel löst und den Schaffner löchert, weil sie befürchtet, sie werde in Wuppertal den Anschluss verpassen. Die Frau, die das belegte Brötchen aus der Plastikfolie isst, damit ihr keine Brösel auf den Faltenrock fallen. Die Frau mit den beigen Gesundheitsschuhen und dem beigen Hörgerät. Der Herr, der beim Zeitungslesen zu schnarchen beginnt und beim Erwachen nicht weiß, wo er sich befindet. Die Dame, durch deren blondiertes Haar die Kopfhaut schimmert. Die Frau in der geblümten Bluse, der die Knöchel geschwollen sind. Die Frau, die die Tasche auf den Knien behält, weil sie Angst hat, ihr Besitz würde sonst aus dem Gepäcknetz gestohlen. Der Mann, der ein Loch in der Stirn hat und dessen linkes Auge braune Haut überspannt.

Allesamt, als hätte sie eine Hexe verzaubert. Wie sollen sie wissen, dass sie sich in fremden, entsetzlichen Körpern befinden? Die schweren roten Züge, die durch die Landschaften rollen.

Küche im Schlaf

Was doch möglich ist, morgens um sieben in meiner Küche im Schlaf – alleine schon räumlich, denn es ist ja kaum Platz zwischen Kühlschrank und Tür. Zumal der Abfalleimer viel davon einnimmt. Im Traum aber stand da noch ein Pferd. Kein Pony, auch keines dieser Urpferdchen, die kaum größer als Hasen gewesen sein sollen, und auf dem Kühlschrank hockte ein Löwe, ein großer, erwachsener, und sprang plötzlich dem Pferd auf den Rücken, um ihm mit einem Genickbiss den Garaus zu machen. Doch so gefährlich der Löwe auch war, nun trat ich in Aktion. Ich packte ihn mit der linken Hand bei der Mähne, und eh er begriff, wie ihm geschah, watschte ich ihm ein paar mit der rechten. Aber kräftig! Und dann, der Löwe hockte erneut auf dem Kühlschrank, völlig belämmert, fasste ich das Pferd an der Trense und marschierte mit ihm Richtung Fenster.

Oder träume ich nur

Ich presse das Ohr an die Schranktür. Ich ziehe Schubladen auf. Ich verhalte den Atem. Irgendwo ist da ein Kratzen. Lautlos wie ein Fledermausschrei. Oder der Schrei einer Nacht. Oder des Messers. Es liegt blutbesudelt am Boden. In einer Glasvitrine getötete Vögel. Warum tötet man Vögel? Warum legt man sie in die Vitrine? Wo befinde ich mich? Gobelins. Lüster. Alte Gemälde. Tizian, hat er sie gemalt? Dieses Rot! Dieses Gold! Ein goldenes Tor. Ein goldener Saal. Venedig? Bin ich in Venedig? Oder träume ich nur? Aber das Kratzen ist wirklich. Jetzt kann ich es deutlich vernehmen. Eine Ratte? Natürlich! In Venedig wimmelt es nur so von Ratten. Größer als Katzen. Größer als Hunde. Sie überfallen die Menschen und fressen sie auf. Aus den Knochen hat man die Seufzerbrücke gebaut. Oder träume ich nur? Doch das Kratzen ist wirklich. Kratzen und

Scharren. Etwas scharrt an der vergoldeten Tür. Ich stoße sie auf. Ein Krebs! Ein roter Krebs flüchtet die Treppe hinab.

Windjaule

Die Träumerin träumt, doch ihr Bewusstsein ist klar, klarer als im Wachen. So steht sie im Nachthemd am Fenster und friert. Draußen herrscht Winter. Schnee weht über die Dächer. Durch die Straße pfeift Wind. Die Häuser sind grau, die Fensterscheiben zerschlagen. Sicher herrscht Frost in den Zimmern, und die Menschen sind entweder erfroren oder haben die Häuser verlassen. An einem Gasthaus klappert ein Schild. Beim Geschäft gegenüber ist die Jalousie heruntergelassen. Wer sollte auch etwas kaufen? Im Fenster der Fleischerei hängt gefrorenes Fleisch. Die gekachelten Wände sind mit Eis überzogen. Vielleicht ist die Sonne erloschen, denn das Licht, das die Straße erhellt, ist ein anderes Licht, als das Licht, das die Träumerin kennt. Es ist eisig. Es verleiht den Dingen strenge Konturen. Zwischen zwei Häusern ist ein Drahtseil gespannt. An das Seil klammert sich eine Frau. Sie trägt ein zerschlissenes Kleid. Der

Wind fährt ihr ins Kleid und wirft die Frau hin und her. Sie winselt und jault, und die Träumerin weiß, dass sie die Windjaule ist.

Zwischen Emden und Bremen

Würde mir jemand ein Zugticket schenken, ich nähme es nicht an. Schenken Sie es einem andern, würde ich sagen. Ich habe noch mit meiner letzten Zugfahrt zu schaffen. Dabei liegt die Reise dreieinhalb Jahre zurück. Sie führte von Emden nach Bremen, und ich döste dabei oder blätterte im Katalog meiner Branche. Hinter dem Fenster wischte die Landschaft vorüber, sodass ich mich fragte, ob sie eine Einbildung sei, als ich mit dem Fuß gegen einen weichen Gegenstand stieß, der sich unter der Sitzbank befand. Vielleicht ein Polster, auf den Boden gerutscht? So etwas ging mir jedenfalls durch den Kopf, ein kaum bewusster Gedanke – bis ich Gurgelgeräusche vernahm. Kurz darauf breitete sich eine Blutlache aus. Unterm Sitz lag eine Tote. In ihrem Rücken stak ein Dolch.

Ich bin Handelsvertreter für Damenunterbekleidung. In meinem Musterkoffer befanden sich Korseletts, Miederhöschen und Strümpfe, wie sie meine Kundinnen wünschen, um den Herrn zu gefallen. Feinste Brüsseler Spitze, auch gewisse Apparaturen, doch ich will nicht ins Detail gehen. Diskretion ist das Markenzeichen meines Gewerbes.

Eine Tote! Gemeuchelt mit einem Dolch! Da flogen vor dem Fenster Wälder und Felder vorbei und ich saß, ja, ich ritt auf einer Toten durch diese Landschaft und war in Gefahr, verhaftet zu werden. Wer würde mir glauben, ich hätte nichts mit ihr zu tun? Die Beamten der Mordkommission müssten sich das Grinsen verbeißen. Der Staatsanwalt würde lautschallend lachen. Sehen Sie doch nur ihre Schuhe! Blutbesudeltes Hemd! Gesicht und Hände verschmiert! Haben Sie sich etwa beim Rasieren geschnitten? Natürlich würde der Schaffner schwören, er habe vor der Abfahrt unter die Sitze geschaut und keine Tote bemerkt.

Zum Glück hatte er schon das Billett kontrolliert. Doch aus dem Abteil nebenan waren Stimmen zu hören und auf dem Gang standen Mütter mit Kindern. Was würden sie denken, wenn ich in ein anderes Coupé wechselte, noch dazu mit diesem Koffer? Dafür braucht man doch einen Grund!

Ich zog also die Vorhänge zu, damit niemand ins Abteil blicken konnte, und schob, so gut es ging, die Tote unter die Bank. In meiner

Verzweiflung nahm ich ein Negligé aus dem Koffer und tunkte das Blut auf. Doch kaum war ich fertig, rollte die Tote wieder unter den Sitzen hervor. Sie schien sich zu weigern, den Tod anzuerkennen, schnappte nach Luft und drängte ins Leben zurück. Dabei quoll ihr die Zunge heraus. Eines der gebrochenen Augen fokussierte sich. Schließlich stöhnte sie, ich hätte ihr das Leben genommen. Zugleich forderte sie meine Hilfe. Es war völlig absurd. Wieso sollte ich helfen, wenn ich sie hatte umbringen wollen? Doch was blieb mir anderes übrig?

„Halt die Schnauze, du Hure!", sagte ich und zog ihr den Dolch aus dem Rücken. Mit meinem teuren Batist-Taschentuch wischte ich ihr das Blut von den Lippen und platzierte sie auf den Sitz gegenüber. Doch sie gab keine Ruhe, verlangte Coca-Cola und Kekse und drohte, den Schaffner zu rufen. Sie zog die Gardine zurück und schreckte mit blutleerem Grinsen die Kinder. Ich habe als Handelsvertreter schon vieles erlebt, doch dies hier …

Um endlich in Ruhe gelassen zu werden, stecke ich ihr einen Keks in den Mund, und was ist der Dank? Beißt mich in die Hand! Beißt mich in die Hand, hängt dran wie eine Ratte, lässt nicht mehr los, lässt einfach nicht los, und ich, ich schleudere sie im Abteil hin und her, stöhne und schreie, zieh die Notbremse, reiß den Koffer herunter, zerr das verkommene Stück auf den Gang, vorbei an entsetzten Müttern und brüllenden Kindern, vorbei am hilflosen Schaffner, hinaus aus dem Zug, schleppe sie hinter mir her durch Moor und Wollgras, durch Koppeln und Felder, durch diese ganze verwischte Landschaft zwischen Emden und Bremen, und stopfe sie endlich in diesen Koffer, in dem ich sie seither herumtragen muss.

Ach Egon

In den Gesprächsraum geführt, riss Egon Meier sich los und kroch unter den Tisch. Aufgefordert, sich auf einen der Stühle zu setzen, reagierte er mit eigenartigem Klacken. Seine hinzugezogene Frau nahm er scheinbar nicht wahr. Erdnüsse, Kekse – nichts rührte er an. Als ihm Schwester Mathilde Marshmallows darbot, biss er sie so in die Hand, dass die Wunde ärztlich versorgt werden musste. Auf Grund der Attacke sahen wir uns gezwungen, ihn mit einem Maulkorb zu sichern. So war ich zum Erstellen der Anamnese auf die Auskunft seiner Frau angewiesen. Gefragt, woher und seit wann sie ihn kenne, erklärte Frau Ilse Meier, sie hätten dieselbe Schule besucht und wären, da sie gleichaltrig seien, auch in dieselbe Klasse gegangen.

Wie sie ihn aus dieser Zeit in Erinnerung habe?

Er sei stets Klassenbester gewesen, sagte Frau Meier. Außer in Sport. Laufen und springen habe er gar nicht gekonnt. Dazu sei er zu schwächlich gewesen. Doch in sämtlichen anderen Fächern habe er Einser gehabt. Seine Zeugnisse bewahre sie heute noch auf. Das Abschlusszeugnis, in dem ihn der Lehrer als klug, fleißig und aufmerksam pries, hänge im Wohnzimmer gerahmt an der Wand. Was sein Äußeres anbelangt, so habe er stets einen gepflegten Eindruck gemacht. Er habe saubere Hemden und auf Hochglanz polierte Schuhe getragen. Krawatten seien für ihn obligatorisch gewesen. An den Bügelfalten der Hosen hätte man sich schneiden gekonnt. Ging er außer Haus, habe er einen Pepitahut aufgesetzt, der ihm sehr gut stand. Deshalb habe sie beschlossen, Egon zu heiraten.

„Was dann auch geschah."

„Was dann auch geschah", bestätigte sie. Ihre Eltern hätten sich zwar gegen die Heirat gestemmt, doch habe sie sich nicht umstimmen lassen.

Drei Wochen nach ihrem einundzwanzigsten Geburtstag seien sie vor den Standesbeamten getreten. Da sie wenig verdienten und kaum Unterstützung erfuhren, habe die Hochzeit in bescheidenem Rahmen stattfinden müssen. Die Trauringe seien aus Messing gewesen und das Mahl habe sie selbst zubereitet. Geleefisch mit

Kartoffelpüree. Egon habe gerne Geleefisch gegessen.

Ob sie ihn liebe?

„Gewiss", versicherte sie. Leider sei das Zusammenleben schwierig geworden, denn Egon habe sich zusehends verändert. Sei er anfangs pünktlich zur Arbeit gegangen, habe sie ihn bald kaum noch aus dem Bett kriegen können. Er habe sich nicht mehr gewaschen und nicht die Zähne geputzt. Auch auf seine Garderobe nicht mehr geachtet. Alles Zureden habe nichts geholfen.

Zum Verzweifeln sei es gewesen. Nirgendwo habe sie mit ihm hingehen können. Die Leute hätten die Nasen gerümpft, so habe Egon gerochen. Von ihr gebeten, sich wenigstens die Füße zu waschen, sei er böse geworden. Er habe geschimpft und auf den Teppich gespuckt. Bei Intimitäten …

Frau Meier hielt die Hand vor den Mund.

„Bei Intimitäten?"

Darüber wolle sie lieber nicht sprechen.

„Es würde uns aber helfen."

Nein, das wolle sie nicht. Ob es erlaubt sei zu rauchen?

Das dürfe sie gern.

Ob sie ein Glas Wasser bekommen könne. Ihr klebe die Zunge am Gaumen.

Schwester Mathilde brachte ein Glas und eine Flasche mit Sprudel. Frau Meier trank einen Schluck und rauchte mit hastigen Zügen. Indes kratzte sich Egon Meier im Schritt. Er hatte Läuse gehabt. Es schien ihn noch immer zu jucken.

Die Kenntnis gewisser Prädilektionen, nahm ich das Gespräch wieder auf, sei ein Schlüssel, der den Zugang zum Menschen eröffne. Insofern sei es geboten, dass sie darüber spreche. Diskretion bleibe selbstverständlich bewahrt. Da brauche sie keine Befürchtungen zu haben.

„Nun gut", sagte Frau Meier, aber es falle ihr schwer. Auch wisse sie nicht, wie und wo sie anfangen solle.

Sie möge berichten, wie ihr Mann sich in sexueller Hinsicht verhalte.

„Zuerst ganz normal", sagte Frau Meier. Seinen ehelichen Pflichten sei er pünktlich und zu ihrer Zufriedenheit nachgekommen. Doch nach einiger Zeit habe er angefangen zu trödeln und während des Beischlafs mit der Zunge zu schnalzen. Sie habe gedacht, es stecke ihm etwas zwischen den Zähnen, eine Gräte womöglich, die er durch Saugen zu entfernen versuche. Dann habe sie das Schnalzen für eine Schrulle gehalten und von Egon verlangt, es zu unterlassen. Daraufhin habe er kaum noch geschnalzt. An einem Freitagabend, als sie ins Bett gingen, jedoch mit den Zähnen geklackt. Während sie den Verkehr praktizierten, sei das Klacken lauter geworden. Hingewiesen, dass sie das Geräusch irritiere, habe er mit den Augen gerollt. Zudem mit den Beinen gestoßen. Und sie plötzlich gebissen. In die Brust, in die Arme. Sie habe geschrien. Es sei entsetzlich gewesen.

Frau Meier stülpte die Ärmel zurück und öffnete die oberen Knöpfe der Bluse. Brust und Arme wiesen eindeutige Bissnarben auf.

Ob sie medizinische Hilfe benötige?

Sie habe lange gezögert, den Arzt aufzusuchen, sagte Frau Meier, denn der hätte zu wissen verlangt, woher die Bisswunden stammten, und die Wahrheit wäre ihr peinlich gewesen. So habe sie ihn erst konsultiert, als die Wunden zu eitern begannen. Nach deren Herkunft gefragt, habe sie vorgegeben, von einem Untier überfallen und gebissen worden zu sein. Ob der Arzt ihr Glauben geschenkt habe, wisse sie nicht. Er habe die Wunden versorgt und sie vorsorglich gegen Starrkrampf geimpft. Hätte sie auch nur im Geringsten geahnt …

Ob sie denn keine Zeitungen lese?

„Nein“, sagte Frau Meier, Zeitungen lese sie nicht. Die Journalisten schrieben heute dies, morgen das. Weshalb solle sie sich verrückt machen lassen?

Meiner Anweisung folgend hatte sich Schwester Mathilde am Fenster postiert, von welchem man die bewaldeten Ränder einer Anhöhe überblickte. Von dort drang jetzt ein Jaulen herüber, und Schwester Mathilde sagte, da sei wieder einer. Sie habe ihn deutlich gesehen. Egon Meier, der auf dem Bauch lag, verkrallte die Zehen. Ich bat Schwester Mathilde, das Fenster zu schließen.

Ob ihr Mann vor ihr Geheimnisse gehabt habe?

Nicht dass sie wüsste, sagte Frau Meier. Allerdings habe er manchmal verschlossen gewirkt. Zumindest komme es ihr heute so vor.

Und habe er schon vor der Heirat mit den Zähnen geklackt?

Nie. Das wäre ihr im Gedächtnis geblieben.

Oder sich vor ihr versteckt?

Nein.

Oder sich grundlos entfernt?

Er habe stets einen Grund angegeben, wenn er die Wohnung verließ. Zum Beispiel, dass er frische Luft schnappen gehe. Er sei auch immer bald wiedergekommen, nach spätestens dreißig Minuten. Dazu müsse sie sagen, dass Egon gern das Haus hütete. Am liebsten habe er auf dem Sofa gesessen und Schlager gehört. Deshalb habe sie sich Sorgen gemacht, als er einmal ausblieb.

Sie möge berichten.

Es sei ein Freitag gewesen, ein Tag vor Egons Geburtstag. Sie habe Kuchen gebacken und

Egon zum Krämer geschickt, da Zutaten fehlten. Es sei schon dunkel geworden und geregnet habe es auch, weshalb er einen Schirm mitgenommen habe. Mit dem Schirm sei er auch trocken bis zum Krämer gelangt. Das wisse sie sicher, denn nach gut einer Stunde habe sie den Krämer selbst aufgesucht, und der versicherte ihr, Egon habe Zitronat und Rosinen gekauft und sei wieder gegangen. Worauf sie nach Hause geeilt sei, wo sie Egon jedoch nicht habe antreffen können. Die ganze Nacht habe sie auf ihn gewartet. Was mag nur passiert sein, habe sie ständig gedacht. Ist er vom Weg abgekommen und findet nicht mehr zurück? Oder unter ein Auto geraten? Sie sei ganz verzweifelt gewesen. Eine schreckliche Nacht.

Und? Ob sie die Polizei informiert habe?

„Nein", sagte Frau Meier. Sie habe gehofft, er käme doch noch nach Haus. Bei jedem Geräusch sei sie zum Fenster gerannt.

Wann sei er denn nach Hause gekommen?

„Morgens um neun", sagte Frau Meier. Sie dürfe gar nicht daran denken. Völlig verdreckt. Den Schirm irgendwo liegen gelassen. Stattdessen ein Schiffstau nach sich gezogen, einen teerigen Tampen, und dies an einem Sonntag. Die Leute seien zur Kirche gegangen und hätten die Köpfe geschüttelt bei seinem Anblick. Die Kinder hätten gejohlt und Grimassen geschnitten.

Am gemeinsten habe sich das Pack aus dem Neubauviertel benommen. Es habe Egon bespuckt und mit Steinen beworfen. Sie habe sich in Grund und Boden geschämt. Am liebsten hätte sie die Koffer gepackt.

Und? Habe sie nach dem Grund seines Ausbleibens gefragt?

Natürlich. Hundert Mal habe sie ihn gefragt: Egon, warum bliebst du so lange weg? Egon, wo bist du gewesen? Egon, was hast du gemacht? Antwort habe sie keine erhalten. Nur gegrinst habe er.

Schwester Mathilde unterbrach das Gespräch. „Sehen sie nur“, rief sie und öffnete wieder das Fenster. „Sehen sie nur! Da klettert einer über den Maschendrahtzaun. Das wird ja immer schöner! Wo bloß die Wachleute bleiben?“

Obwohl es eine Anordnung gab, der zufolge Wachleute ständig Präsens zeigen mussten, saßen allesamt in der Kantine und spielten Skat. Schwester Mathilde rief übers Haustelefon beim Hausmeister an, doch der war nicht zu erreichen. Auch in der Kantine hob niemand ab. Währenddessen stellte ich mich ans Fenster und verfolgte, wie der Eindringling den Zaun überstieg, den Hof überquerte und an der verschlossenen Tür rüttelte. Sein Versuch ins Haus einzudringen, wurde von einem vielstimmigen Jaulen begleitet. Es kam von der Anhöhe her. Offenbar hielten sich welche im Unterholz versteckt. Da Egon Meier übermäßig erregt schien, ordnete ich an, ihn zu fixieren, was Schwester Mathilde gewissenhaft tat, um sogleich zur Kantine zu eilen, wo sie die Wachmannschaft mobilisierte. Währenddessen nahm ich das Gespräch wieder auf.

Wie sie denn den Lebensunterhalt bestritten?

Sie selbst habe von acht Uhr morgens bis abends um fünf im Supermarkt an der Kasse gesessen, sagte Frau Meier. Egon sei Bürogehilfe gewesen, denn trotz seiner ausgezeichneten Zeugnisse habe er keine qualifizierte Arbeit gefunden. Was sie inzwischen aber bezweifle, da es Hinweise gab, dass er sich gar nicht um Arbeit bemühte. Die von ihr verfassten Bewerbungen habe er vermutlich in die Abfalltonne geworfen. Deshalb sei auch nie eine Antwort gekommen. Da er in der Firma nicht die erwartete Leistung erbrachte, habe man ihn schließlich entlassen. Sein Arbeitslosengeld sei bescheiden gewesen. Hinten und vorne habe es nicht gereicht.

Ob ihr Mann darunter gelitten habe?

Bescheidenheit sei eine Zier, habe er immer gesagt.

Und dieses Schiffstau, wozu habe das gedient?

Egon habe das Tau im Flur abgelegt, sie wisse nicht über wie viele Wochen. Dort habe es den Zutritt zur Toilette erschwert. Als sie Anstalten machte, es auf die Straße zu zerren, habe Egon geweint. Dies sei ihr zwar kindisch erschienen, doch das Tau zu entfernen, habe sie nicht übers Herz bringen können. Bis Egon …

Frau Meier hielt erneut die Hand vor den Mund.

„Bis Egon“, fragte ich nach.

„Bis er am Tau hing.“

Das möge sie näher erklären.

„Mit dem Kopf nach unten“, sagte Frau Meier und lachte hysterisch.

Ob sie einer Pause bedürfe?

„Ja.“ Das Gespräch wäre auch schwerlich fortzusetzen gewesen, denn aus dem Hof drangen markerschütternde Schreie. Das Wachpersonal stürmte aus dem Gebäude und versuchte, den Eindringling dingfest zu machen. Der entzog sich dem Zugriff, indem er über den Hof flüchtete, um den Zaun zu erklimmen. Doch hatte sich davor ein Wachmann postiert. Der trieb ihn zur Mannschaft zurück, die sich auf ihn stürzte. Die markerschütternden Schreie löste der hinzugeeilte Hausmeister aus. Er hieb mit einer Latte auf den Eindringling ein, bis der sich nicht mehr rührte. Ein Fehlverhalten, das zwar menschlich verständlich, doch nicht zu rechtfertigen ist und, dies sei *strictim dictum* vermerkt, zu einer Verwarnung des Hausmeisters führte.

Um sich vor den Schreien zu schützten, hatte sich Frau Meier mit beiden Händen die Ohren zugehalten. Nun schlug sie mit beiden Fäusten auf den Tisch und kreischte: „Was habe ich nur verbrochen?“ Der Vorfall ging ihr offensichtlich nahe. Um sie zu beruhigen, verabreichte ihr Schwester Mathilde ein Sedativum, das sie allmählich beruhigte. Als ich auf das Verhalten ihres Mannes zurückkommen wollte, schluchzte sie: „Ach Egon, ach Egon.“ Bis ich meinerseits mit der Faust auf den Tisch schlug.

„Reißen Sie sich zusammen, Frau Meier! Sie sind doch eine erwachsene Frau!“

Die Maßregelung brachte Frau Meier zu sich. Sie wischte die Tränen aus dem Gesicht, schnäuzte die Nase und sagte: „Ich hätte das Scheusal nicht heiraten dürfen. Hätte ich nur auf meine Eltern gehört.“

So gefiele sie mir schon besser, lobte ich und bat zu erklären, was ihre Eltern für Einwände gegen die Heirat hatten.

Sein Familienname habe ich ihnen missfallen, sagte Frau Meier.

Meier sei doch ein geläufiger Name.

Ihre Eltern hätten behauptet, dass hinter jedem Meier ein anderer stecke. Um dies zu verbergen, sähe Egon immer wie aus dem Ei gepellt aus. Dazu Egons Lächeln. Er habe ja ständig gelächelt. Das sei insbesondere ihrem Vater auf die Nerven gefallen. Der habe es nämlich als Grinsen wahrgenommen und Egon einen Grinser genannt. Wie die Grinsekatze, habe er gehöhnt und gewarnt: Warte nur, bis er sein wahres Gesicht zeigt.

Ob er sie nochmal gebissen habe?

Gebissen zwar nicht, doch mit den Zähnen geklackt. So vor einer Woche. Da habe sie den ganzen Tag an der Kasse gesessen und sich hundemüde gefühlt, doch nach Feierabend einen mühsamen Umweg gemacht, um in einem Fischgeschäft Futter zu kaufen. Denn Egon habe nur noch Geleefisch gefressen. Zwar hätte sie Geleefisch auch im Großmarkt einkaufen können, des Personalrabatts wegen sogar vergünstigt, doch wenn eine Kassiererin immer die gleiche Ware verrechne, fiele es auf mit der Zeit. Über kurz oder lang würden die Kolleginnen rätseln, was macht die Meier mit all dem Geleefisch? Einmal sei es fast so weit gekommen. Geleefisch am Montag, Geleefisch am Dienstag, Geleefisch am Mittwoch – der muss dir ja schmecken, habe eine Kollegin gehöhnt. Seitdem habe sie das Futter in verschiedenen Geschäften gekauft.

Frau Meier leerte das Glas Sprudel und ergänzte, gewöhnlich habe sie den Geleefisch auf einen Teller gelegt, ihn mit Petersilie und einem Schnitz Zitrone garniert und auf ein Beistelltischchen neben das Sofa gestellt. Dazu sei es an besagtem Tag jedoch nicht gekommen, denn als sie die Wohnung betreten habe, sei das Schiffstau verschwunden gewesen. Daraufhin habe sie die Tasche im Flur abgestellt und nach Egon gesehen, ihn jedoch nicht gefunden. Schließlich sei sie hoch in den Speicher gestiegen.

Frau Meier hatte immer leiser gesprochen. Nun bewegte sie nur noch die Lippen. Trotz des Sedativums wirkte sie fahrig. Beim Anzünden einer Zigarette brach sie mehrere Streichhölzer ab. Ich bat sie, lauter zu sprechen.

Im Speicher, fuhr sie in monotoner doch nun verständlicher Stimmlage fort, habe Wäsche zum Trocknen gehangen. Hemden, Unterwäsche, Bettbezüge, Leintücher. Es sei Waschtag der Familie Müller gewesen. Das wisse sie, weil sich im Nachhinein Frau Müller beschwerte, ihre frisch gewaschene Wäsche sei schmutzig und dass sie die Flecken selbst mit Benzin nicht herausbringen könne. Ursache der Verunreinigung sei ohne Frage das Schiffstau gewesen. Beim Betreten des Speichers sei ein Luftzug entstanden, der die Wäsche habe hochfliegen lassen. Da habe sie das Schiffstau erblickt. Daran habe Egon gehangen, kopfüber, einer Fledermaus gleich. Sie sei erstarrt bei dem Anblick. Sie habe sich in einem Nachtmahr gewähnt. Das Blut sei ihr in den Adern gefroren. Dann habe sie gedacht, großer Gott, wenn ihn Frau Müller so findet und ihren Mann ruft, diesen versoffenen Fleischer. Deshalb habe sie auf Egon eingeredet: Egon, komm runter, Egon, du erkältest dich doch! Egon, ich habe dir feinen Geleefisch gekauft. Aber Egon habe nicht reagiert. Nur gegrinst habe er. Ein schreckliches Grinsen, ein Fledermausgrinsen. Und gierige Augen habe er bekommen, und mit den Zähnen geklackt, immer schneller und böser. Da habe sie Panik gekriegt und um Hilfe geschrien.

Nach dem Vorfall im Hof hatte Stille geherrscht, und es entstand eine Pause. Dann war ein klägliches Jaulen zu hören, das von der Anhöhe aus dem Unterholz kam. Nach und nach stimmten andere ein, wodurch sich das Jaulen zu einem ohrenbetäubenden Geheul steigerte, das Egon Meier, der sich bis dahin ziemlich ruhig verhalten hatte, emotionell affizierte. Er zerrte an der Fixierung, bis ihn Schwester Mathilde mit einem kräftigen Faustschlag sedierte – eine Notlösung, doch sonst hätte er sich womöglich vom Maulkorb befreit. Emotionell affiziert schien aber auch das Wachpersonal, insbesondere als die ersten aus dem Unterholz sprangen. Es rannte kopflos im Hof hin und her. Kein Wunder, denn das Gestrüpp gab Hunderte frei, abgemagerte, zerlumpte Gestalten, die von der Anhöhe krochen und, noch bevor sie den Zaun erreichten, zu klacken begannen, mit den Zähnen zu klacken, immer schneller und böser.

Die gelöste Zunge

Aufgefallen sei ihm das Subjekt, gab unser Inspektor zur Kenntnis, als er zu den Garagen ging, um nach dem Rechten zu sehen. In letzter Zeit habe es dort häufig Fälle von Vandalismus gegeben. Deshalb sei ihm das Subjekt verdächtig erschienen. Es habe vor einem der Garagentore gelümmelt und auf den Boden gestiert. Mehrere Minuten habe es so verharrt. Aus diesem Grund habe er inquiriert: „Ist etwas abhandengekommen, die Geldbörse etwa, womöglich ein Schirm? Gestern hat nämlich ein Schirm an einer der Garagen gelehnt."

Diesen Schirm habe er natürlich erfunden, um das Subjekt aus der Reserve zu locken. Allerdings habe die Nachfrage keine Wirkung gezeigt. Das Subjekt sei noch finsterer geworden und habe mit dem Absatz gescharrt. „Legitimieren Sie sich", habe er daraufhin gefordert. „Die Papiere bitte!" Doch das Subjekt habe nur noch finsterer gestiert und immer heftiger mit dem

Absatz gescharrt, wodurch er sich jedoch nicht habe beirren lassen. Im Gegenteil. Insistiert habe er: „Legitimieren Sie sich!“ Gefragt habe er: „Führen Sie keine Papiere mit sich? Wissen Sie nicht, dass jeder Bürger seine Personalpapiere mit sich führen muss, um sich jederzeit legitimieren zu können? Haben Sie Alkohol konsumiert? Sind Sie betrunken? Verstehen Sie überhaupt, was ich frage? Sind Sie Ausländer, womöglich Perser?“

Er glaube, mit dieser Frage habe er ins Schwarze getroffen, denn das Subjekt habe mit dem Bein, mit dem es im Kies gescharrt hatte, gegen das Tor der Garage getreten. Dieser Tritt sei gewaltig gewesen. Aus dem Stand ausgeführt, habe er eine solche Vehemenz aufgewiesen, dass die Nieten aus dem Eisenblech sprangen. Ihm sei ganz anders geworden. Dennoch habe er sich von seiner Pflicht nicht abbringen lassen und den Täter aufgefordert, ihn zur Feststellung seiner Identität zu begleiten. Der sei auch anstandslos zur Wache gefolgt, sei gehorsam die Treppe hinuntergestiegen und habe sich widerstandslos einschließen lassen.

Damit sei seiner Pflicht Genüge getan und er stünde, so man es wünsche, zur weiteren Verfügung. Immerhin sei durch die Festnahme zwischen ihm und dem Arrestanten ein gewisses Vertrauensverhältnis erwachsen.

Unser Inspektor hatte den Arrestanten mit kluger Voraussicht fixiert. Nach dem Festnahmeschock war dieser nämlich wieder zu sich gelangt. Als wir die Arrestzelle betraten, versuchte er gerade, mit den Zähnen die Handschellen zu brechen. Wären wir auch nur eine Minute später eingetroffen, wir hätten unser blaues Wunder erlebt.

Die Kraft des Arrestanten war außergewöhnlich. Seine Augen waren rot unterlaufen, an den Schläfen quollen die Adern hervor und die Kiefer malmten und knirschten. Wir konnten die Schelle nur mit Hilfe eines Hakens befreien. Hätte er dabei mit der losgerissenen Hand mich oder den Inspektor zu fassen bekommen, es hätte schlimme Folgen gezeitigt. Zum Glück hatten wir uns gemäß der für solche Situationen geltenden Sicherheitsvorschrift mit Stöcken versehen. Um das Gesicht vor unseren Schlägen zu schützen, musste der Arrestant den befreiten Arm verwenden, und das gab uns Gelegenheit, ihm mit gezielten Schlägen das Schultergelenk zu brechen, sodass wir den Arm wieder anketten konnten. Dennoch blieb er weiterhin renitent. Er spuckte nach uns und versuchte mit den Hörnern zu stoßen.

Ich begann das Verhör gemäß der allgemeinen Vernehmungsvorschrift zu führen. Da der Arrestant womöglich Ausländer war, fragte ich ihn, ob er einen Dolmetscher wünsche, worauf er jedoch mit einem unverständlichen Fluch reagierte und erneut an den Ketten zu zerren begann.

„Wie heißen Sie? Wann sind Sie geboren? Wo sind Sie geboren?"

Um den zu Vernehmenden zum Sprechen zu bringen, muss man sich ein Bild von seiner Persönlichkeit machen und seine Lage einschätzen. Am Wichtigsten jedoch ist die Herangehensweise zu Beginn des Verhöres. Sie soll beruhigend wirken und an die Vernunft appellieren.

„Sind Sie doch vernünftig", sagte ich deshalb und fügte hinzu, dies sei das Beste für ihn. Für den Fall, dass er kooperiere, stellte ich ihm eine Zigarette in Aussicht. Ich sagte ihm, ich tue nur meine Pflicht. Er solle es mir nicht unnötig schwer machen. Sein Knurren ließ zwar vermuten, er habe eine gewisse Einsicht gewonnen, doch glaubte ich weiterhin seine Verstocktheit zu spüren. Dafür sprach als Indiz, dass er wieder mit den Kiefern zu malmen begann. Auch strahlten seine Augen eine gewisse Verschlagenheit aus. Ich meinte, mit Recht vermuten zu dürfen, dass er nur auf eine Gelegenheit hoffte, sich befreien zu können.

Ich will Ihre Aufmerksamkeit nicht allzu sehr strapazieren. So viel sei jedoch noch hinzugefügt, und ich spreche hier auch für meinen

Kollegen, dass einem angesichts solcher Uneinsichtigkeit, ja, abgefeimter Hartnäckigkeit, über kurz oder lang der Geduldsfaden reißt. Schließlich sind wir alle nur Menschen, da darf man doch erwarten, dass der zu Vernehmende Mitgefühl für den Vernehmenden zeigt. Unsere Aufgabe ist schwierig genug, und wer die Aussage verweigert, darf sich nicht über die Folgen beklagen. Ich habe noch jedem die Zunge gelöst.

„Also, raus mit der Sprache!", setzte ich das Verhör fort. „Name, wann, wo geboren?"

Da er wieder anfing zu knurren, wies ich den Inspektor an, die Verhörinstrumente zu holen, hinter den Fixierstuhl zu treten und den Arrestanten an den Hörnern zu halten, damit ich auf seiner Brust die Speischale befestigen konnte. Eine mühsame Arbeit! Der Arrestant spannte den Nacken und versuchte zu stoßen. Hätte ich ihn nicht mit Stockschlägen auf die Nüstern betäubt, es wäre unmöglich gewesen, die Schlaufen über die Hörner zu stülpen, den Schädel nach hinten zu biegen, ihn an der Lehne zu fixieren und im Maul die Birne zu öffnen, um durch die Öffnung den Skalpellschnitt zu führen, der das Zungenhäutchen durchtrennt und den Einsatz des Extraktors zum Lösen der Zunge ermöglicht.

Revolte

Nach dem Tod von Frau Fröhlich stand die unter meiner Mansarde liegende Wohnung wochenlang leer. Für mich eine Zeit der Erholung. Frau Fröhlich war nämlich recht lärmig gewesen. Tagsüber hatte sie lautstark geschimpft und am Abend eine aus ihrer Jugendzeit stammende Platte gespielt. Dazu mit dem Chor um die Wette gesungen: „Auf der Heide blüht ein kleines Blümelein.“ Das Lied verfolgte mich bis in den Schlaf. Aber jetzt ist sie tot. Gestürzt. Die Kellerstiege hinunter. Oberschenkelhalsbruch. Nun, sie war nicht mehr die Jüngste gewesen.

Frau Radodek, in der Etage darunter, der ersten Etage, verlässt seither kaum noch die Wohnung. Sie könnte ja ebenfalls stürzen und sich etwas brechen. Das geht schnell in dem Alter. Und wer soll sich nach ihrem Ableben um Frantisek kümmern?

„Nicht wahr? Wer soll dann für meinen Frantisek sorgen“, lamentiert sie Anteilnahme erheischend. „Hoffentlich überlebe ich ihn. Auch wenn mir sein Tod das Herz brechen wird.“

Insgeheim hofft sie natürlich, dass ich mich Frantiseks annehmen werde. Ausgerechnet ich, der ich Hunde nicht ausstehen kann. Allein das Gesabber. Bei der Vorstellung, ihren Köter in der Wohnung zu haben, bekomme ich Magenbeschwerden. Ich würde ihn auf der Stelle vergiften.

„Aber Frau Radodek“, sage ich deshalb, „Sie sind doch das blühende Leben. Wer wird denn an so etwas denken?“

Und werfe einen Blick auf die Uhr. Doch Frau Radodek lässt einen so leicht nicht entkommen. Mit Frantisek fängt sie an, um dann von diesem und jenem zu schnattern: dass demnächst die Welt untergeht, weil die Polkappen schmelzen, dass Jesus Christus vom Tod auferstanden oder die Butter teurer geworden sei, um schließlich Herrn Hörlimann des Vandalismus und der Trunksucht zu zeihen.

„Haben Sie Schnupfen? Ist Ihre Nase verstopft? Aber so riechen Sie doch! Unverkennbar Urin. Erst gestern geputzt, und schon hat er wieder auf die Treppe gepinkelt. Ich hab es mit meinen eigenen Augen gesehen. Sternhagelvoll, das Schwein.“

Man darf Frau Radodek nicht jedes Wort glauben. Auch wenn Herr Hörlimann hin und wieder ein paar Gläser zu viel trinkt, so würde er doch niemals ins Treppenhaus pinkeln. Ein Kustos der gräflichen Schlossbibliothek! Ein Herr mit Bildung und guten Manieren! Frau Radodek dichtet ihm nur etwas an, weil sie ihm die parterre gelegene Wohnung missgönnt. Sie würde diese nämlich selber gerne belegen, damit sie nicht länger zu ihrer hochkreuchen muss mit ihren dicken Beinen. Herr Hörlimann aber steht einem Wohnungstausch reserviert gegenüber. Am besten, man hält sich raus aus solchen Geschichten.

Das Haus, von welchem ich spreche, ist ein engbrüstiges Backsteingebäude. Solide gebaut, keine Frage, doch kam es im Lauf der Jahrzehnte herunter. Die Dielen sind morsch, das Dach ist marode, der Schornstein zerbröckelt. An den Wänden hat sich Schimmel gebildet, und es zieht an allen Ecken und Enden. Der Aufzug steckt auch fest. Frau Niederbach, die Hausherrin, beteuert zwar, ihn reparieren zu lassen, sobald der Mechaniker, angeblich der Einzige, der den komplizierten Mechanismus versteht, Zeit dafür findet, doch verspricht sie dies schon seit Jahren. Auch will sie das wacklige Treppengeländer durch ein stabiles ersetzen. Tatsächlich aber ist sie zu geizig, um im Treppenhaus die kaputten

Birnen auszutauschen, sodass man im Dunkeln hinauftappen muss.

Sie selbst haust im Keller. In einem Lattenverschlag. Man stell sich das vor: die Hausherrin im Lattenverschlag! Küche, Büro, Wohnzimmer, Schlafzimmer, alles in einem. Zwischen Regalen mit Einmachgläsern ein Schreibtisch, vollgepackt mit Formularen, Quittungsblöcken, Stempeln, Schreibgerät und tausend anderen Dingen. Ein Feldbett zusammengeklappt an der Rückwand, eine nackte Birne unter der Decke. Dabei muss sie eine schöne Stange Geld auf dem Konto haben. Allein, was sie an Miete kassiert! Und was verbraucht sie denn schon?

„Sie gönnen sich aber gleich gar nichts, Frau Niederbach", sage ich und schüttle den Kopf. „Gehen Sie doch mal ins Kino. Es laufen sehr schöne Filme. Oder in den Park. Dort blüht jetzt der Flieder. Das bringt Farbe ins Leben."

Verständnislos blickt sie mich an. Als hätte ich ihr geraten, über den Atlantik zu schwimmen. Ein seltsames Wesen. Der Physiognomie nach könnte es eine Schildkröte sein. Dazu dieser Höcker zwischen den Schultern. Und ernährt sich von Gemüse und Fisch, was meines Wissens auch bestimmte Schildkröten tun. Dosenfisch freilich. Ölsardinen, Fisch in Senf- und Tomatensoße. Diese gabelt sie direkt in den Schlund, ohne Brot, ohne Brötchen, und die Dosen leckt sie noch aus. Danach stehen sie wochenlang auf der Kellertreppe. Es riecht fischig bis unters Dach. Als ob das Haus eine Fischdose wäre. Doch was will man machen?

Im Großen und Ganzen kann ich mich jedoch nicht beklagen. Das Haus liegt verkehrstechnisch günstig und zum Park sind es nur zehn Minuten. Wir Mieter grüßen uns freundlich, meist jedenfalls. Herr Hörlimann streichelt sogar Frau Radodeks Köter. Ärger und Zwiespalt trägt lediglich ihr Enkel ins Haus, Fridolin, dieser rotzfreche Lümmel, der noch dazu schielt. Er wohnt zwar nicht hier, doch kommt er seine Omi regelmäßig besuchen, um mit ihren Frantisek Gassi zu gehen. „Kellerassel", ruft er dann zu Frau Niederbach runter, und sofern es nach Urin riecht … Aber lassen wir das.

Frau Fröhlichs einstige Wohnung wurde mittlerweile an die Firma Hades vermietet. Jedenfalls hat man an die Wohnungstür einen Zettel mit dem Namen gepinnt. Auf dem Briefkasten und dem Klingelschild steht ebenfalls Hades zu lesen. Benützt wird die Wohnung noch nicht. Es wurde auch kein Mobiliar angeliefert. Das wäre uns Mietern schwerlich entgangen, am allerwenigsten der Frau Radodek. Sie nimmt ja großen Anteil am Leben der Anderen.

Doch beginne ich mich zu fragen, was für eine Art Firma das sein mag und wann sie ihre

Tätigkeit aufnehmen wird. Auch der zurückhaltende Herr Hörlimann zerbricht sich den Kopf. Es sei eigenartig, gibt er zu bedenken, dass sich eine Firma in einem Altbau niederlasse, dessen Aufzug nicht funktioniere, noch dazu in der zweiten Etage. Zudem habe Frau Niederbach immer nur an alleinstehende, ältere Personen vermietet. Weshalb sie da eine Ausnahme mache? Auch sei Hades ein ungewöhnlicher Name. So habe bei den Griechen der Totengott geheißen.

Dieser Hinweis rief bei Frau Radodek einen Schwächeanfall hervor, und da sie sich am Treppengeländer festhalten wollte, trat ein, was ich seit langem befürchtet hatte: das Geländer gab nach und krachte hinunter. Hätte ich Frau Radodek nicht zu fassen bekommen, wäre sie ebenfalls hinuntergestürzt. Gar nicht auszudenken in ihrem Alter! Das Mindeste wäre ein Oberschenkelhalsbruch gewesen, und die Folge hat man ja bei Frau Fröhlich gesehen. Kaum dass sich die Staubwolke legte, buckelte Frau Niederbach die Treppe herauf.

„Mieterpack!" schimpfte sie. „Euch werd ich helfen!"

Sie sprühte vor Zorn und fuchtelte bedrohlich mit einer Gabel. Frau Radodek klammerte sich an ihren Enkel, Frantisek kläffte, als würde ihm das Fell abgezogen und Herr Hörlimann flüchtete die Treppe hinauf. Ich schnappte nach Luft und sagte: „Aber …“, immer wieder nur: „Aber …“ Mehr fiel mir nicht ein. „Aber Frau Niederbach, aber …“

Wer hätte dem bucklicht Weiblein auch solch Zorn zugetraut?

Die Narben auf meiner Wange, zwei Fingerbreit unter dem Auge, stammen von den Zinken der Gabel. Ich bin sicher, Frau Niederbach wollte mich blenden. So schnell wie sie zustach, zackzackzack, wäre es ihr auch geglückt, hätte nicht dieser Fridolin die Initiative ergriffen. Als sie auf mir kniete, um den fatalen Stich zu setzen, rief er: „Fass Frantisek!“ Worauf Frantisek angriff.

Obwohl ich, wie schon erwähnt, Hunde nicht mag, kann ich nicht umhin, Frantisek meine Anerkennung und meinen Dank auszusprechen. Hätte er sich so hasenfüßig gezeigt wie Herr Hörlimann, stünde ich heute erblindet im Leben. Obzwar nur ein Mops, legte er den Kampfgeist eines Wolfs an den Tag. Zuerst biss er Frau Niederbach in den Schuh, dann in die Wade. Nach jeder Attacke sprang er zurück, stürmte aber sogleich erneut auf sie los. Die Gabel, mit der sich Frau Niederbach wehrte, stachelte seine Wut nur noch an. Er knurrte und fletschte die Zähne. Sodann sprang er ihr mit einem Satz an die Brust und biss sie in die Wange. Eine beachtliche Leistung, denn verhätschelt und mit Schokolade gefüttert litt Frantisek unter Fettleibigkeit und kam dadurch schnell außer Atem. Keine Spur mehr davon. Selbst mit der Gabel im Leib griff er noch an. Zur Beendigung des Kampfes führte allerdings erst ein Stoß von Frau Radodeks Enkel in Frau Niederbachs Rücken. Sie purzelte vom Treppenabsatz der ersten Etage bis vor die Tür zu Herrn Hörlimanns Wohnung. Die Stiege zu ihrem Verschlag kroch sie auf allen Vieren hinunter.

Herr Hörlimann, der mich tags darauf in seine Wohnung bat, um bei Kaffee und Kuchen ein Gespräch unter vier Augen zu führen, bedauerte den beängstigen Vorfall, wie er den Angriff von Frau Niederbach nannte. Er wäre mir gerne zur Hilfe geeilt, doch sei er, so leid es ihm tue, ein ängstlicher Mensch. Wir sollten, meinte er, Frau Niederbach jedoch mit Nachsicht begegnen. Sicherlich habe sie bloß die Nerven verloren. Es täten sich nämlich sonderbare Dinge im Haus. So habe er wieder Musik spielen hören.

Er wies mit dem Daumen nach oben: „In der zweiten Etage, wo Frau Fröhlich … sehr richtig, wo die Firma Hades … genau, verehrter Herr Schmitz. Auf der Heide blüht ein kleines Blümelein, das Frau Fröhlich so gerne … Womöglich geht sie als Geist um? Aber greifen Sie zu! Nusskuchen. Von meiner Schwester gebacken."

Herr Hörlimann hatte sich mit Geschmack eingerichtet. Auf einem orientalischen Teppich ein Beistelltischchen mit gedrechselten Beinen. Erg[illegible] gediegenes Sofa, eine bleiverglaste Biedermeiervit[illegible] im Bücherregal ledergebundene Bücher. Das Silbe[illegible] mit dem ich in der Kaffeetasse rührte, zierte ein Krönchen. Alles in allem: ein bewundernswertes Ensemble. Störend wirkte nur der faule Geruch und der Schimmel, welcher schwarz an den Wänden emporwuchs. Dazu das ständige Knarzen und Knarren. Doch geknarzt und geknarrt hatte es seit jeher im Haus. In meinen vier Wänden knarzt und knarrt es unaufhörlich. Daran gewöhnt man sich mit den Jahren. Ab und zu allerdings erliegt man einer akustischen Täuschung. Herrn Hörlimann schien es so ergangen zu sein, als er die Musik spielen hörte.

„Frau Fröhlich ist tot, mausetot, Herr Hörlimann“, wandte ich mich gegen seine Vermutung, sie habe diese Lieder zum Klingen gebracht. „Ich habe sie mit hochgebundenem Kinn im Sarg liegen sehen. Sie glauben doch nicht im Ernst, dass es spukt! Frau Fröhlich als Geist? Sie sind doch ein aufgeklärter Mann, Herr Hörlimann. Wie ich sehe, stehen neben den Werken von Goethe und Schiller auch die Werke von Immanuel Kant im Regal.“

Herr Hörlimann musste lachen. Ein Scherz sei das gewesen. Geister gäbe es nicht, neinneinneinnein. Geister seien Nebelgebilde, Ausgeburten kranker Gehirne. Und Aberglauben verabscheue er. Auf seinem Panier stünde in großen Lettern: VERNUNFT. Um ein Phänomen zu erklären, müsse man sich an die natürlichen Ursachen halten. Deshalb habe er ebenfalls an eine akustische Täuschung gedacht, als das Marschlied erklang. Und sogleich, jawohl, sogleich sei er die Treppe hoch zur Wohnung der verstorbenen Frau Fröhlich gestürmt und habe an der Türe gehorcht.

„Und?“

„Ich konnte sogar das Kratzen der Schallplatte hören.“

„Also doch …“

„Aber Herr Schmitz!“, sagte er. „Sie glauben doch nicht …“

In diesem Moment setzte die Musik wieder ein, so laut, dass man sein eigenes Wort nicht verstand:

„Auf der Heide blüht ein kleines Blümelein, bommbommbomm, und das heißt …“

Herr Hörlimann wies wieder nach oben und fragte: „Akustische Täuschung, Herr Schmitz?“ Dann entnahm er der Vitrine einen Schussapparat, eine Steinschlosspistole, und lud sie fachgerecht mit Pulver und Blei. Entschlossen, die natürlichen Ursachen des Phänomens zu ergründen, stiegen wir die Treppe hinauf.

Frau Radodek hatte die Wohnung schon verlassen. Mit bleichem Gesicht stand sie auf dem Absatz der 1. Etage, im Arm eine Mumie, deren Kopf aus dickem Wundverband ragte: Frantisek, schwer verletzt durch Frau Niederbachs Gabel. In der 2. Etage, vor der Tür der von der Firma Hades angemieteten Wohnung, kniete Fridolin und pulte aus dem Schlüsselloch Papierfitzelchen. Offensichtlich hatte man es verstopft, damit niemand hineinsehen konnte. Kurz entschlossen klingelte ich, pochte, als nicht geöffnet wurde, gegen die Tür und drückte die Klinke. Abgeschlossen, wie zu erwarten. Woraufhin Herr Hörlimann, Fridolin und ich selbst – später wagte sich noch Frau Radodek die ungesicherte Treppe herauf – das weitere Vorgehen berieten.

Herr Hörlimann schlug vor, die Polizei um Hilfe zu rufen. Er war überzeugt, dass sie einschreiten müsse, weil die laute Musik den Straftatbestand der Ruhestörung erfülle. Frau Radodek stammelte bloß: „Ich hab es geahnt." Fridolin wollte mit Herrn Hörlimanns Schussapparat die Türe zerballern, wie er sich auszudrücken beliebte. Ich dagegen empfahl, Frau Niederbach um einen passenden Schlüssel zu bitten. Unterdessen nahm die Musik an Lautstärke ab, um schließlich ganz zu verstummen. Also kein

Grund mehr, die Umstände weiterhin zu erforschen. Zumindest kein Grund für Herrn Hörlimann, der meinte, es sei ja helllichter Tag und so laut habe die Musik denn doch nicht gespielt, woraufhin er stillschweigend nach unten verschwand. Frau Radodek kommentierte seinen Rückzug mit: „So sind sie, die Männer!“, um sich dann selbst zu verdrücken. Vor Ort blieben ich und der schielende Kobold, der wieder im Schlüsselloch puhlte. Er knirschte mit den Zähnen und wünschte dem Geist die Pest an den Hals. Sodann knöpfte er den Hosenschlitz auf und pinkelte ungeniert vor die Tür.

Vor Wohnungstüren hatte Fridolin schon öfter gepinkelt, dessen bin ich mir inzwischen sicher. Zum Beispiel parterre vor die Tür von Herrn Hörlimann. Aber auch hier oben bei mir. Und als Frau Fröhlich noch lebte, in der 2. Etage. Heimlich natürlich, damit es ihm niemand ankreiden konnte. Und bezeichnender Weise nie vor die Tür von Frau Radodeks Wohnung. Nun aber hatte er sich selbst überführt. Oder glaubte er etwa, ich mache mit ihm gemeinsame Sache?

„Pfui! Das tut man doch nicht“, rügte ich ihn.

Er schielte mich unsicher an.

„Was du nicht willst, das Dir man tu …“, sagte ich noch.

Da schnitt er eine Grimasse und blaffte: „Fick Dich ins Knie, alter Sack!“

Dann sprang er, den Mittelfinger gestreckt, die Treppe hinunter.

An das Weitere wage ich kaum mehr zu denken. Streit ist mir von Natur aus zuwider. Ich habe mich immer bemüht, mit den Hausbewohnern in gutem Einvernehmen zu stehen. Mein Wahlspruch „Der Klügere gibt nach" hat sich meiner Lebtag als richtig erwiesen. Fridolin aber brachte diesen Leitsatz ins Wanken.

Zuerst versuchte ich ihn ja zu verstehen. Schwierige Verhältnisse, der Vater wahrscheinlich ein Trinker, die Mutter katholisch oder Schlimmeres noch, sagte ich mir. Zudem befindet sich der Junge in der Entwicklung. Dass er regelmäßig seine Omi besucht, zeigt aber, dass ein guter Kern in ihm steckt. Sicher wird er sich im Lauf seines Lebens zum Besseren wandeln.

Daran hielt ich fest, bis mir Herr Hörlimann anvertraute, was Frau Radodek ihm anvertraut hatte, nämlich dass Fridolin beobachtet habe, wie ich, ja, wie ich in der 2. Etage vor die Tür urinierte.

Unglaublich! Da muss dieses Luder doch stracks zu seiner Omi gerannt sein, um mir zuvorzukommen, falls ich ihn anschwärzen sollte. Oder hatte Frau Radodek selbst die Finger im Spiel? Nicht so abwegig, dieser Gedanke. Immerhin hatte sie mir gegenüber behauptet, Herr Hörlimann würde ins Treppenhaus pinkeln.

Und nun glaubte womöglich Herr Hörlimann, dass ich …

„Aber Herr Hörlimann“, sagte ich, „Sie denken doch nicht …“

„Neinneinneinnein“, fiel er mir in die Rede.

„Oder meinen Sie ernstlich, ich würde …“

„Auf keinen Fall“, unterbrach er mich wieder.

„Ich betrachte es aber als meine Pflicht …“

„Natürlich, Herr Schmitz.“

„ … als meine Pflicht, Frau Radodek zur Rede zu stellen.“

„Um Gottes Willen“, stöhnte er.

Um nicht mit der Tür ins Haus zu fallen, kaufte ich für Frantisek eine Tafel Ritter-Sport Schokolade. Wie geht es dem Hündchen, wollte ich fragen. Ich mache mir Sorgen. Und ihnen, Frau Radodek, wie geht es denn Ihnen? Bei guter Gesundheit? Ach, würde sie klagen, die Knie und das Herz und die Blase. Aber kommen Sie rein! Nehmen Sie Platz! Tässchen Kaffee? Stückchen Frankfurter Kranz? So stellte ich mir vor, dass es ablaufen würde. Es kam leider anders.

Schon auf der Treppe hörte ich Frau Rodadek schluchzen. Tränenüberströmt stürzte sie mir entgegen. Frantisek, jammerte sie, mein treuer Frantisek, Jessusmariaundjosef. Doch die Heilige Familie konnte dem Köter nicht helfen. In Verbände gewickelt lag er auf dem Tisch, mit milchigen Augen, den Gabelstichen erlegen, den inneren Verletzungen, die ihm Frau Niederbach zugefügt hatte. In Angesicht von Frau Radodeks Schmerz konnte ich mich selbstverständlich nicht über ihren missratenen Enkel beklagen. Ich versuchte sie vielmehr zu trösten. Frantisek habe sicher schrecklich gelitten, doch sei er nun von seinen Qualen erlöst. Auch sei das Leben ja mit dem Tod nicht zu Ende, im Jenseits gehe es glückselig weiter, sodass sie sich von Frantisek nicht für alle Ewigkeit verabschieden müsse.

Frau Radodek schluchzte noch einmal. Dann seufzte sie tief und straffte die Schultern.

„Aber die Niederbach kommt mir so nicht davon", platzte sie raus. „Ja, wo leben wir denn?", redete sie sich in Wut. „Wer glaubt sie denn, dass sie ist? Ja, was nimmt sich diese Schildkröte raus? Bringt meinen Frantisek um. Der werd ich's zeigen!" Sie holte ein Hackebeil aus der Küche, drückte es Fridolin in die Hand und sagte: „Hau ihr den Kopf ab!"

Schon im Café Concordia, wo ich bis zu meiner Rente als Kellner in Anstellung war, ist mir Frau Radodek durch ihre Tierliebe aufgefallen. Sogar ihrem Köter musste ich Torte servieren. Und wehe, jemand erschlug eine Fliege. Dann schlug Frau Radodeks Tierliebe in Menschenhass um. Darum konnte ich ihre Rachegelüste verstehen. Allerdings hatte ich auch die Folgen vor Augen: Leiche im Keller, Kriminalpolizei,

Mordprozess, Presse! Keine ruhige Minute hätte ich mehr gehabt.

„Aber Frau Rodadek", intervenierte ich deshalb, „Frau Niederbach hat gewiss nur die Nerven verloren. Sonst hätte sie Frantisek sicher kein Leid zugefügt. Ich bin überzeugt, dass sie es aus tiefstem Herzen bedauert."

Frau Radodek sah mich an, als wären wir uns niemals begegnet. Als wär' ich ein Fremder, ein Kurgast, ein Zeuge Jehovas, ein Vertreter, der ihr einen Staubsauger andrehen will. Also nahm ich einen zweiten Anlauf: „Frau Niederbach ist doch ein Mensch wie Sie und ich, Frau Radodek. Und macht nicht jeder mal einen Fehler? Deswegen muss man doch nicht gleich zum Küchenbeil greifen." Unbedacht fügte ich hinzu, schließlich sei Frantisek nur ein Hund. Woraufhin Frau Radodek gefährlich mit dem Gebiss klapperte.

„Nur ein Hund!?" keifte sie dann. „Hast du gehört, Fridolin? Frantisek nur ein Hund! Ja glauben Sie denn, dass Sie etwas Besseres sind? Was sind Sie denn schon, sie Kellner, sie Dachbodenrentner! Und da erdreisten Sie sich, meinen Frantisek als Hund zu beschimpfen. Gestern mein Leben gerettet, heute verreckt, Gott sei Dank, das denken Sie doch. Machen Sie mir doch nichts vor. Sehe ich Ihnen doch an! Vom ersten Tag an habe ich Ihnen das angesehen. Soll ich Ihnen sagen, was mein Bruder gesagt hat, als er sie durchs Café dackeln sah mit der weißen Serviette? Soll ich Ihnen das sagen? Was ist denn das, meine Liebe, hat mein Bruder gesagt, was ist denn das? Hier bedient ja ein Affe."

Inzwischen hatte Fridolin die mitgebrachte Schokolade verzehrt und sich aus der Wohnung geschlichen. Mit dem Beil in der Hand. Noch während Frau Radodek mich als Primat diffamierte, schoss mir die drohende Gefahr durch den Kopf. Um Himmels Willen, Fridolin hackt ihr tatsächlich ... Und da drang auch schon ihr Schrei an mein Ohr. Entsetzt stürzte ich aus der Wohnung.

Den Schrei hatte Frau Niederbach in höchster Not ausgestoßen. Fridolin war nämlich in den Keller gestürmt und mühte sich, die mit Ketten und Vorhängeschlössern gesicherte Tür zum Lattenverschlag aus den Angeln zu hebeln. Was ihm jedoch nicht gelang, denn die Tür verkantete sich. Worauf er sie einzutreten versuchte. Als auch dies keinen Erfolg zeitigte, angelte er mit einem Besenstiel einen Kohlrabi aus dem Verschlag, um ihn Frau Niederbach erneut zum Fraß hin zu schieben. Doch die fiel auf die List nicht herein. Statt näher zu kommen, zog sie sich unter den Schreibtisch zurück.

Ein herzzerreißender Eindruck. Insbesondere Frau Niederbachs Zustand. Frantisek hatte sie mit dem Biss in die Wange so schlimm zugerichtet, dass ein Auge heraushing. Ihr Köpfchen war verschorft und blutunterlaufen. Das Gewand klebte als kotiger Fetzen am Leib. Darunter kam der Knochenpanzer zum Vorschein. Ich hatte ja seit jeher vermutet, dass sie insgeheim eine Schildkröte war.

Um Fridolin von seinem mörderischen Plan abzubringen, beschwor ich ihn, Frau Niederbach zu verschonen. Doch Fridolin grinste mich nur höhnisch an, wobei er Frau Niederbach durch den Lattenverschlag mit dem Besenstiel stupste.

„Fridolin", redete ich auf ihn ein, „Du weißt doch, dass deine Omi manchmal ein wenig aufbrausend ist. Da sagt sie dann Dinge, die sie später bedauert. Wenn du tust, was sie von dir verlangt hat, wird sie sich grämen, weil sie sich vorwerfen muss: Ich bin es, ich, die Fridolin zum Mörder gemacht hat. Das wirst du doch deiner Omi nicht antun!"

Fridolin kratzte sich unterm Hemd und sagte: „Ich tu ihr doch nichts."

„Dann leg bitte das Beil weg!"

Was er auch tat, aber so, dass ich es nicht an mich bringen konnte. Frau Niederbach fiel auf diese Geste herein. Sie krabbelte unter dem Schreibtisch hervor und so nah an Fridolin ran, dass er mit dem Zeigefinger ihren Kopf streicheln konnte. Was Frau Niederbach gänzlich zutraulich machte. Sie öffnete das Mäulchen, streckte das Zünglein heraus und beleckte Fridolins Finger. Dabei schob Fridolin langsam die Hand unter den Panzer, um sie mit einem Ruck auf den Rücken zu werfen.

Unterdessen war auch Herr Hörlimann in den Keller gestiegen. Obgleich mit der Pistole bewaffnet, gebot er dem Geschehen keinen Einhalt. Er forderte es vielmehr heraus, denn als er Frau Niederbach mit strampelnden Beinchen daliegen sah, begann er zu lachen. Was Fridolin ermunterte und zur Tat schreiten ließ. Mit einem kräftigen Tritt zerbrach er zwei Latten und lüpfte Frau Niederbach aus dem Verschlag. Sodann hielt er sie wie einen Siegespokal über seinen Kopf.

So befremdlich es sein mag, Herrn Hörlimans Lachen hatte auch mich angesteckt. Dabei tat mir Frau Niederbach leid. Sicher hatte sie ein schwieriges Leben geführt, mit dem schweren, angewachsenen Panzer, hier unten, in diesem modrigen Keller, in diesem stinkenden Lattenverschlag. Nie hatte sie sich auf die Straße gewagt, nie sich die Sonne ins Gesicht scheinen lassen. Dosenfisch und Gemüse, faules Abfallgemüse und keine Toilette. Wie sich herausstellen sollte, hatte sie ihre Notdurft in Einmachgläser verrichtet. Sie schämte sich ihrer Natur und scheute uns Menschen. Und nun befand sie sich ausgerechnet in Fridolins Händen.

Zuerst zupfte er das nur noch an einem Sehnenfädchen hängende Äuglein heraus. Mit dem Küchenbeil, das er schnell wieder ergriff, kappte er sodann ihre Beinchen. Doch anstatt Frau Niederbach den Kopf abzuhauen, hackte er am Bauch den Panzer entzwei, brach ihn der Länge nach auf und riss ihren Leib samt Köpfchen heraus. So blieb Frau Niederbach noch eine Weile am Leben.

Keine Frage, Fridolin hatte Humor. Hatte er schon beim Kappen der Beinchen jedes Mal „hoppla!“ gerufen, hob er jetzt Frau Niederbach hoch und grölte: “Auf der Heide blüht ein kleines Blümelein, bombommbomm,und das heißt Erika!“, schwenkte sie über sich, riss seine Beine empor und begann er mit ihr wie im Stechschritt zu tanzen.

Sonntag hin oder her

Als ich erwachte, war helllichter Tag. Viertel vor acht. Ein Sonntag. Sonst hätte auf der Straße ja der Verkehr eingesetzt. Aber sonntags war es immer wunderbar ruhig. Da störte kein Autogedröhn und Motorradgeröhr. Selbst die Straßenbahn fuhr leiser als sonst. Das Einzige, was an Sonntagen störte, war das Glockengeläute. Da wird geläutet und geläutet. Aus der Haut möchte man fahren.

Ich kochte Kaffee, fütterte meinen Kanarienvogel, goss die Kakteen und verzehrte mein Frühstück. Ohne Radio, ohne TV. In aller Ruhe! Sonst hätte ich schwerlich bemerkt, dass etwas Sonntägliches fehlte. Nämlich dieses Geläute.

Ist heute überhaupt Sonntag?, fragte ich mich.

Ich hatte am Abend ein Bierchen getrunken und danach noch gegessen, im Restaurant nebenan, Rinderzunge mit Meerrettichsoße und Petersilienkartoffeln. Dann noch weitere Bierchen. Und den Nachmittag, den Nachmittag hatte ich im naturhistorischen Museum verbracht, wo ein Professor der Paläontologie einen Vortrag über Saurier hielt. Dorthin ging ich aber nur sonntags. Dann war also gestern … gestern war also… Wie konnte ich mich bloß so vertun in der Zeit?

Ich trat ans Fenster und sah zur Straße hinunter. Kein Mensch weit und breit. Kein Auto, kein Fahrrad. Auch an der Straßenbahnhaltestelle wartete niemand. Die Sonne schien freundlich und die Kastanienbäume waren voll prächtiger Kerzen. Ein herrlicher Tag. Ein Tag, um spazieren zu gehen. Nur eben kein Sonntag.

Dann musste heute ein Feiertag sein. Ostermontag! Oder schon Pfingsten? Was gab es denn noch? Ich kenne mich mit Feiertagen nicht besonders gut aus. Überhaupt sollten die Menschen mehr arbeiten gehen. Feiertage stoppen die Produktion, schaden der Konjunktur und lassen die Leute fauler und fauler werden. Erst machen sie an den Montagen blau. Dann schwänzen sie auch am Dienstag. Schließlich bleiben sie die ganze Woche zu Haus, sitzen vor den Fernsehgeräten und stopfen sich mit Kartoffelchips voll. Keiner zahlt Steuern, und uns Rentnern wird die Rente gekürzt.

Ein Blick auf den Kalender. Ostern und Pfingsten waren vorüber. Seitdem folgte ein Werktag dem anderen. Was ging also vor sich? Ein Streik?

Ein Lärm- und Verkehrsstreik? Heute bleiben alle Menschen der Ruhe zuliebe zu Haus. Aber sie brauchten doch Brötchen zum Frühstück. Und Kinder wollen Tretroller fahren. Dazu all die Hunde! Sie konnten ihr Geschäft doch nicht auf dem Teppich verrichten.

Jetzt stellte ich das Radio an. Musik. Musik auch auf den anderen Sendern. Kein Mensch auf der Straße, doch die Sender spielen Musik. Dafür muss man noch Gebühren entrichten.

Plötzlich eine Sirene! Wie von der Tarantel gestochen sprang ich zum Fenster. Ein Krankenwagen jagte vorbei. Uiiii! Die Polizei hinterher. Sicher ein Unfall. Eine Karambolage mit Schwerverletzten und Toten. Das wird von Jahr zu Jahr schlimmer. Die einen fahren betrunken, die andern schlafen am Steuer. Dann wundern sie sich, wenn sie im Leichenhaus enden. Allerdings war kein Mensch unterwegs. Was konnte also passiert sein? Das war schon recht seltsam. Auch Peppi, mein Kanarienvogel, schien sich zu wundern. Er schlug mit den Flügeln.

Wäre ich jünger gewesen, ein rüstiger Rentner in der Blüte des Lebens, hätte ich in eine andere Stadt ziehen können. Oder gleich in ein anderes Land. Nach Grönland am besten. Allerdings laufen dort diese Eisbären rum. Üble Burschen, die zwischen Mensch und Seehund keinen Unterschied machen. Deshalb soll man sein Iglo auch nie ohne Büchse verlassen. Das hatte jedenfalls ein Zoologe geraten, der im naturhistorischen Museum Vorträge hielt. Bald sprach er über Bären, bald über Tiger. Am liebsten hörte ich mir aber Vorträge über Saurier an. Im Vergleich zu ihnen sind Bären und Tiger friedliche Wesen. Besonders der Tyrannosaurus hatte es faustdick hinter den Ohren.

Nun jagte auch noch die Feuerwehr unter meinem Fenster vorbei, als sei der Teufel hinter ihr her. Und noch ein Feuerwehrauto. Und noch eines mehr. Ich kam kaum nach mit dem Zählen. Stand das Rathaus in Flammen? Eine Fabrik? Gar die Reifenfabrik? In der hatte es ja schon einmal gebrannt. Schwarzer, schwärender Rauch über Tage hinweg. Viele Menschen erstickten. Andere wurden ins Krankenhaus eingeliefert und künstlich beatmet. Kein Tag ohne Katastrophe. Überschwemmungen, Vulkanausbrüche, Erdbeben, Brände. Selbst vor Meteoriten ist man nicht mehr sicher.

Plötzlich ein Geräusch in der Luft. Als griffen Hornissen an. Immer näher und lauter, so dass man sein eigenes Wort nicht verstand. Die Scheiben vibrierten, im Wohnzimmerschrank klirrten die Gläser und auf dem Büfett hüpften die Hummelfiguren. Nur Peppi saß völlig starr auf seiner Stange. Aus gutem Grund.

Denn am Himmel tauchte ein Schwarm von Hubschraubern auf. Sollten sie beim Löschen der Feuersbrunst helfen? Wie aber nur? Wasser auf die Brandstätte schütten?

Oder war gar ein Krieg ausgebrochen? So nahe dran? Es hätte mich nicht gewundert. Der Krieg liegt in der Natur von uns Menschen. Deshalb fallen wir übereinander her, wie dunnemals die Saurier.

Wobei der Tyrannosaurus, so hatte es der Professor erklärt, uns am ähnlichsten war. Schon weil er auf zwei Beinen lief. Dazu ungeheuer gefräßig. Wenn es nach Fleisch roch, gab es für ihn kein Halten. Sogar über die eigene Verwandtschaft stürzte er her. Den Dinosaurier fraß er am liebsten, denn der trug den dicksten Speck auf den Rippen. Streckte der Dino seinen langen Hals aus dem Sumpf, biss ihm der Tyranno mit einem Schnapper den Kopf ab. Flugsaurier holte er noch aus 30 Meter Höhe herunter. Ein Sprung und adieu schönes Leben. So ging es zu seinerzeit. Man war sich seines Lebens nicht sicher.

Und heute? Ist es heutzutage viel besser? Das frage ich mich allen Ernstes. Zwar steckt man gefahrlos den Kopf aus dem Fenster. Zwar gibt es Krankenhäuser und Ärzte. Zwar ist am Monatsende Geld auf dem Konto, nicht viel, doch genug, um gelegentlich ein Bierchen zu trinken.

Doch all die schrecklichen Morde und die in Seniorenheimen misshandelten Rentner! Und natürlich diese Kriege überall.

Ein Lautsprecherwagen rollte die Straße entlang. „Achtung! Achtung!“ dröhnte es aus dem Megaphon. „Verschließen Sie Türen und Fenster! Suchen Sie Schutzräume auf! Nehmen Sie Wasser und Vorräte mit! Achtung! Achtung! Verschließen Sie Türen …“ Mehr war nicht zu verstehen, denn ein Abfangjäger flog über die Dächer hinweg. Krieg! schoss es mir durch den Kopf. Krieg! Gott steh mir bei! Jetzt ist es so weit. Ein Angriff der Russen! Oder eine Invasion der Chinesen.

Oder fielen gar die Koreaner über uns her? Die Koreaner, und damit wiederhole ich nur, was der Professor erklärte, schrecken vor gar nichts zurück. Da hat man, um ein Beispiel zu nennen, in einer Gletscherspalte ein Mammut entdeckt, tiefgefroren wie aus der Gefrierbox. Hätte man nun ein paar ordentliche Scheiben herunter gesäbelt, es hätte prima Schnitzel gegeben. Doch die Koreaner, die Koreaner saugten dem Mammut das Mark aus den Knochen, um daraus andere Mammuts zu klonen. Inzwischen laufen in Korea riesige Herden herum, darauf möchte ich wetten. Und wer einmal Mammuts geklont hat …

Plötzlich erbebte der Boden. Kleiderständer und Stehlampe schwankten und von der Decke rieselte Kalk. Irgendetwas stampfte heran, und dann, meinem Peppi sträubten sich die Federn, mir liefen eiskalte Schauer den Rücken hinunter, ein entsetzliches Brüllen.

Wer Mammuts geklont hat, schreckt auch nicht vor dem Klonen des Tyrannosaurus zurück. Knochen stehen ja genug zur Verfügung, allein in der Eingangshalle des naturhistorischen Museums ein ganzes Skelett. Und wenn man sich vorstellt …

Wieder das Brüllen! Als hätte die Hölle ihre Pforte geöffnet! Näher und näher. Mir drohten die Sinne zu schwinden. Peppi, der Trost meines Alters, kippte tot von der Stange.

… und wenn man sich vorstellt, dass die Koreaner diese Mordmonster klonen, um sie auf uns zu hetzen, auf nichtsahnende, friedliche Bürger …

Stampfen und Brüllen. Stampfen und Brüllen. Die Sirenen kreischten, und überall in der Stadt begannen die Glocken läuten, Sonntag hin oder her.

Invasoren

Diese Geräusche – woher stammten sie nur? Es hörte sich an wie Geflüster. Wahrscheinlich der Wind, der sich im Dachstuhl verfängt, dachte ich, eine Sinnestäuschung, nicht mehr. Das Phänomen ist ja bekannt. Knackst das Gebälk, schon glaubt man Diebe am Werk. Kobolde, Druden, Gespenster, einer stolpert über den andern, eine Prügelei kommt in Gang, es scheppert und kracht, doch rafft man sich auf und sieht nach, stellt sich heraus: Die Phantasie hat dich zum Narren gehalten.

Hier verhielt es sich anders.

Ich war in die Zeitung vertieft, als ich ein Räuspern vernahm, in unmittelbarer Nähe, sehr deutlich. Danach war es ruhig. Ein zwei Minuten. Dann das Geflüster. Nun saß ich aufrecht im Bett, verhielt den Atem, spitzte die Ohren und meinte das eine und andere Wort zu verstehen.

„Der Idiot liegt im Bett ... Vorsicht ... Sei still ...“

Kein Zweifel, das Geflüster kam aus dem Schrank. So unglaublich es schien, mein Schlafzimmerschrank war bewohnt. Von Obdachlosen vielleicht, die, in meiner Abwesenheit ins Haus eingedrungen, ihn als Nachtquartier wählten und hofften, ich würde es nicht bemerken. Auch ein Liebespaar kam in Frage. Erst kürzlich hatte in meiner Zeitung gestanden, dass ein Pärchen vor die Schranken des Gerichts treten musste, weil es in fremde Schlafzimmer drang und dort, wie es hieß, seinen Neigungen nachging. Was mochten das für Neigungen sein? Der Journalist hätte sich deutlicher ausdrücken sollen. Man stellt sich ja alles Mögliche vor. Andererseits sollte man sich mit Beschuldigungen zurückhalten. Es wäre ja möglich, dass der Journalist deutlich über die Neigungen schrieb, so deutlich, dass der Chefredakteur die Deutlichkeit unterband. „Ich muss doch sehr bitten, Herr Journalist, in einer Zeitung wie der unsrigen! Neigungen reicht völlig."

Wie dem auch sei: mein Schrank war bewohnt, und da mein Schrank keine Absteige ist, beschloss ich, die Bewohner dingfest zu machen und die Polizei zu rufen. Ich sprang aus dem Bett und riss die Spiegeltür auf.

Doch was ich fand vor? Jacken und Hosen auf Kleiderbügeln.

Als ich wieder im Bett lag, mit eiskalten Füssen, es war Winter und die Heizung defekt, kam ich mir schmählich genarrt vor. Wie konnte ich glauben, ein Liebespaar habe meinen Schlafzimmerschrank als Quartier ausgewählt? Wann hätte es das denn gekonnt? Ich war fast immer zu Haus. Ging ich doch einmal aus, verschloss ich sämtliche Fenster, ließ die Jalousien herunter und sperrte die Haustüre zu. Auch hatte ich noch nie einen Hinweis auf Mitbewohner bemerkt. Gewiss, es gab Kratzer und Schrammen, doch die hatte meine Oma verursacht, der das Haus einst gehörte. Sie war vor Jahren gestorben.

Nebenbei ein sehr schönes Haus, mit stuckverzierten Plafonds, Chinoiserien aus Seide und Portieren aus Samt. Vielleicht ein wenig zu dunkel. Auch ein wenig zu klein. Das Parterre bestand nur aus einem Vestibül und einer winzigen Kammer. Schlafzimmer und Toilette in der Etage darüber. Doch ich liebte das Haus. Vor allem des nachts, wenn nach dem Gehupe der Autos und dem Rattern der Straßenbahn Stille einkehrte. Dann roch ich den Staub der alten Portieren, lauschte dem Ticken der Standuhr, die die kostbaren Stunden skandierte, und spürte den Atem der Zeit.

„Ist da jemand?"

Es blieb mucksmäuschenstill. Aber ich wurde den Verdacht nicht los, dass da noch jemand wäre.

Vielleicht hinter dem Schrank? Platz genug war vorhanden, und mit eingezogenem Bauch konnte man dort über Stunden verharren.

„Ich weiß, dass Ihr da seid", bluffte ich deshalb. „Kommt raus! Oder ich schieße."

Zwar besaß ich keine Pistole, ja, ich hätte eine Pistole nicht einmal zu gebrauchen gewusst, doch wirkte die Drohung. Kaum ausgesprochen, hörte ich aufgeregtes Gezischel. Dann ängstliches Atmen und Keuchen. Dem folgte ein metallenes Schnappen. Blitzartig wurde mir klar, es muss vom Schloss einer Tapetentür stammen. In Häusern wie diesem sind geheime Türen ja geradezu obligat, da muss man sich nicht wundern. Allerdings befand sich nebenan die Toilette, und da diese fensterlos war, saßen die Invasoren nun in der Falle. Um sie nicht entkommen zu lassen, sprang ich hinaus auf den Flur und stieß mit einem kräftigen Tritt die Toilettentür auf.

Das Weitere wage ich aus Furcht, man könnte mich für wahnsinnig halten, kaum zu berichten. Nein, nicht Mord oder Totschlag. Ich hätte das Blut aufgewischt, die Polizei informiert und den Vorfall vergessen. Dies aber raubt mir für immer die Ruhe.

Wenn ich daran denke, laufen mir kalte Schauer den Rücken hinunter. Ich weiß, ich werde nie wieder auf dem Bett ausgestreckt den Abend genießen. Damit ist es vorbei. Von nun an bestimmt Angst meine Tage. Ich habe Haustür und Fenster vernagelt und in den Kamin einen Pfropf aus Jute getrieben.

Ich gehe auf und ab. Ich steige die Treppe hinauf. Ich beklopfe die Paneelen. Ich steige die Treppe hinunter, um in wissenschaftlichen Büchern nach einer Erklärung zu suchen. Da tritt aus den Seiten ein Astronom mit der Behauptung hervor, dass das Universum eine Art Papiertüte sei, aufgeblasen mit Leere und Nichts. Und ein Physiker führt den Beweis, dass sich durch die Materie Wurmlöcher ziehen, sodass sich Invasoren nur dünn machen müssen, um zu verschwinden.

Zu Hause

Auf der Fensterbank eine Dose, auf der drei Köche mit fliegenden Schürzen zu sehen sind, eine vertrocknete Rose, ein Rehbockschädel, gelb und verwittert. Im Bücherregal, neben halbleerer Cognacflasche, eine Terracotta-Madonna (Irma García Blanca, Oaxaca de Juárez, 1999), sowie ein Engel mit erigiertem Phallus. Über dem Sofa ein Holzschnitt (Ausstellungsplakat, Max Ernst, Köln, 1964), der einen fein gekleideten Bürger mit Habichtskopf zeigt, vor dem die Phantasmagorie einer unbekleideten Frau schwebt, welche er auf sein Messer gespießt hat, vermutlich weil es sich auf der Jagd so ergab. Gebleichte Schädel: Wiesel, Waschbär, Koyote, Steinmarder, Fuchs, Reiher, Eichelhäher und Krähe – knöcherne Abstraktionen der Gier. La

Catrina gestochen von José Posada (Kalenderbild).

Die Tote lacht zum Klang der Gitarre, indes aus dem Tuschbild „Die Kranke" (Natascha Ungeheuer, Berlin, 1967) ein Herr mit Zylinder durch die Räute seines Bartschlüssels späht. Die untergehende Sonne vergoldet das Interieur. Aus der Ferne eines halben Jahrhunderts die schalltote Fanfare einer Trompete.